定年女子

新たな居場所を探して

岸本裕紀子

S
集英社文庫

目次

この本を纏めるにあたり、多くの方々のお話を聞くことができました。
一部の方を除き、本書では仮名にさせていただきました。
また、本文中の（　）内の年齢は取材時のものです。

本文デザイン　篠田直樹（bright light）

定年女子

新たな居場所を探して

はじめに

70歳前後の毎日の過ごし方で、その後の人生が変わるという話を聞く。一直線に老人への道を進むか、あるいは、案外若いころのままの日常が続けられるか。

もちろん、その人の持つもともとの体力とか運命、周りの環境もあるだろうが、誰だって、後者の道を歩みたいと思っている。

そのためにはどうすればいいか。

食事もあるし、運動もある。お金の使い方も、人間関係をどうするか、もあると思う。

そして、大事なのは、残りの人生に対する考え方だ。

まずは、楽しく生きたいと思う。これが一番だ。

また、多少負荷をかけ、ちょっと忙しくしても頑張るか、あるいは、無理をせず、年齢相応に静かに自然縮小していくか。

本書は、どちらかというと、前者の立場をとっている。

負荷は65歳過ぎてからの仕事だったり（第4章に詳しい）、忙しい二拠点生活だったり、初めてのソロ活だったり（ともに第1章で取り上げている）、そして親の介護や実家の整理、孫の世話まで引き受けての大忙しの毎日（第2章）だったりする。

しっとりと自分に向き合う時間なんかはあまりないかもしれないが、「充実していて楽しい」「こんな発見もあった！」「新しい自分に出会えた」、そんなケースを取り上げたいと思っている。

それを本書では、「定年女子、新たな居場所を探す」というふうにまとめさせていただいた。

本書は、定年女子シリーズの第3弾であり、『定年女子　これからの仕事、生活、やりたいこと』『定年女子　60を過ぎて働くということ』の続編となっている。

しかし、本書と前作（二〇一九年一一月刊）との間には、予想もしなかった、世界を揺るがした、新型コロナウイルス感染症の爆発的流行という大きな問題がおきていた。それによって、社会は大きく変化し、私たちの価値観や生活様式も変わり、先が見通せない世の中になっている。

そんな中、私たち定年女子はどう生きるのか？

コロナ期の落ち着いた暮らしを継続し「ずっとこのままでもいいんじゃない」という人もいるし、「いや、コロナがあけたら外に出ていく」という人もいる。第3章では、コロナを契機とした定年女子の、生き方に対する考え方の違いについてもまとめている。

さて、私の立場は、バタバタしながらも、やりたいことはやり、衰え始めた身体《からだ》の健康維持でも家の整理でも「だましだまし」で修正を加えつつ、楽しく生きるというものだ。

あまり終活なんぞは意識せず、ありのままの日常をいとおしみながら、やりたいことがあったらどんどん出ていく「新たな自分の居場所はこれだ！」という定年女子を応援したい。

家の整理にしたって、自分のためならいいが、子供に迷惑をかけないように、なんて先回りして考えなくてもいいのではないか。

子供は、親が亡くなった後、すっきり片付いている部屋を見回して「お母さん、私たちに散らかった部屋の整理などをさせまいとして、きれいに整理してくれてさすがだわ、ありがとう」と感心・感謝してくれるかもしれないが、私的には、多少散らかったまま逝ってしまったとしても、「家はモノで溢《あふ》れているけれど、でもお母さんの人生、すごく楽しそうだったよね！」と語り合ってくれた方がいいなと思う。

人生は一度きり、定年女子にとって限られた時間をどう使うか。使っているか。そんな、定年女子の今を、迷いや決断やいろいろあるけれど、それも含めて、前向きに、元気に、楽しく、まとめていきたいと思う（第5章）。

本書は、前書二冊のように、全編すべて、一人一人を取材し、紹介させていただく形はとっていない。

項目によって、実例を織り込みながら、読んでくださる方が、「私もそうだ！」と共感してくれたり、「そういえば、お友達の○○さんもこんな感じなのかな」と思ってくれたり、「そうか、そんなやり方もあるのか」と何かがヒントになってくれたり、もやもやする毎日の突破口になってくれれば、幸いである。

第1章

行動し始めた
定年女子

二〇二三年春、コロナが5類相当に移行して――。気を付けて周囲を見回してみると、60代～70代前半の定年女子たちの決断と行動は早かったと思う。

何故《なぜ》か。

時間がないからである。

定年女子にとって、仕事をするにしろ、外で遊ぶにしろ、人の役に立って動き回るにしろ、趣味時間を充実させるにしろ、元気で動けるのはそれほど長くはない。健康寿命からいえば、今、60代前半としても、あと一〇～一五年ほどしか残っていないからだ。

コロナだからといって、静かに家にこもっていても、時間は止まっていてくれはしなかった(当たり前だが)。あと一〇年が九年になり、八年になり……。ぐずぐずなんてしていられないから、行動が早いのである。

60歳から70歳前後という年齢は、老後の歳《とし》とは違う。

若い人たちにしてみれば、50代後半くらいから上の人間はみんな同じ高齢者に見えるかもしれないけれど、その年齢になってみると、まだ、老後は先だということが実感としてわかる。

コロナだからとおとなしくしていて、コロナが本格的にあけたら本物の後期高齢者になっていた、なんてことには耐えられなかったのだ。

私の友人がＬＩＮＥで、

「大事な大事な60代が、コロナでずいぶんつぶれてしまって悔しい」

と書いてきたが、私たち世代はみんなそんな気持ちを共有しているんだと思う。人生の終わりが見えてきたこの貴重な時間を、コロナなんかに遠慮して家に閉じこもるかたちで使ってしまってなるものか――私は今、そんな心境だ。

ただ、コロナを経験したことで、一ついいことがあったとすれば……。

もしコロナがなかったら、今までの延長の生活をなんとなくだらだら続けていたかもしれなかったけれど、コロナ禍になって、自分の生き方や日常を見直し、新しい生き方を選び取ったり、新しい居場所を見つける契機になったということはあるだろうか。

コロナという全く予期しなかった感染症が世界を振り回し、それで亡くなった知人もいるし、世界では悲惨な戦争もおきている。地震や水害も頻繁にある。

明日はどうなるかわからない。とすれば、今やりたいことをやるしかないのである。
本章では、二拠点生活とソロ活という、行動し始めた定年女子についてまとめてみた。

1 「二拠点生活」を楽しむ

熱海《あたみ》のマンション

水谷雅子《みずたにまさこ》さん（68歳、既婚）は、ある金融機関に、結婚後も出産後も勤め続けて60歳で定年を迎え、同じ会社で再雇用で働いたのち、65歳で仕事を終えた。

そして、自分より少し前にリタイアした夫と相談して、熱海に小さな中古マンションを買った。クルーズ船ダイヤモンド・プリンセス号の集団感染から一年たったころ、コロナ禍二年目の早春のことだった。

「コロナは当分終わらない。その認識がまずありました。だとしたら、こんな自粛生活がずっと継続していく中で、新しいことで何ができるか、って話し合ったんですね。もう一つの家があったら気分が変わって楽しいかな、そうだ、二拠点生活だ！　とひらめきました」

「夫と私とで別々にネットでざっと探して、良さそうな候補をいくつか選んで、それを扱っている地元の不動産屋さんに連絡して、下見をさせてもらい、ほぼ即決で決めました」

　ひらめいてから決めるまで、なんと一週間かからなかったそうだ。

　東京の家は手放さず、熱海の方は月一回、三〜五日間滞在するためのマンションである。

　東京での住居も実はマンションなので、普通なら、自然豊かな場所に土地を買って別荘を建て、都会の日常生活とはガラッと変わったカントリーライフを楽しむところかもしれない。畑で野菜を育てたり、家から大きく張り出したベランダでおしゃれなブランチをとったり、緑溢れる木々の中を自転車で颯爽《さっそう》と走り抜けたり。

　が、それは自分たちとは違うと思ったそうだ。

現実問題、家となると、設計から始まって建つまでに時間がかかる。予算もマンションよりはかなり高くなるだろう。また、中古の別荘を買うにしても、売りに出されている物件は少なく、リフォームしなければ住めないところも多い。

建ってからも、庭木の剪定《せんてい》だ草取りだと手間とお金がかかりすぎ、掃除をするのには広すぎ、せっかく別荘へ出かけていっても、家の空気を入れ替えたのち、布団を干したりしなければならない(やぶ蚊にさされるかも)、と想像した。地域のゴミ出しの日に合わせて、ゴミを捨てた日に東京に戻るとか、そういうことも考えなければならない。

家一軒維持するのはかなり大変なのだ。ムカデなんかが寝室に入り込んでいたら、外に出さないと心配で眠れない。

そこへ行くと、マンションは鍵一つですぐに生活に入れる。

また、水谷さん夫婦はそのマンションを、リタイア後の第二の人生のための住み家として選んだわけでもなかった。

そう、老後移住ではないのである。

ベースはあくまでずっと住んでいる東京のマンションである。一〇年後はどうなるかわからないが、今はそう思っている。

「東京のマンションは、もう三〇年も住んでいるんです。だいぶ古くなったけれど、不満はないですね。この場所にも愛着があるし、長年住み慣れた安定感・心地よさを捨てたくないです。もう一つ、いや二つ大きな理由があって、それは友人と、病院でしょうか」

水谷さんいわく、友達に「熱海に遊びに来てね、一緒にその辺を車で回ったりご飯を食べたりしましょうよ」と声をかけたとしても、きっとそんなには来てくれないと思っている。一〇人に声をかけても、遊びに来てくれるのは、一人か二人、しかも一度だけがせいぜいだろう。だから今のところ、コロナもあったけれど、友人たちは誘ってはいない。

「私一人の住まいならまだしも、夫がいれば遠慮しますよね。それに、人を泊めるスペースはないんです。別にホテルを取ったりしなければならないとすると、お金もかかるし面倒くさいと思うでしょう。熱海までの新幹線代もバカにならないしね。だから、友人は今までのように東京で会うのが一番だと思います」

「それから、病院ね。私たちも高齢者と言われる世代なわけだから、もし病気になったとき、やはり、主治医がいること、病院が選べる東京は安心だと考えています」

では、なぜ熱海に決めたのか。魅力は三つあるという。

「温泉と、海と、富士山ですね」

マンションには各部屋に温泉がひいてある。温泉費は管理費の他に月一万円ちょっとかかるが、それはマンション選びに欠かせない要素だった。海は、自分たちはもう泳ぐことはないけれど、マンションの窓から海が見えるとそれだけで大きな気持ちになれるし、孫たちは海で遊ぶことが大好きだ。そして来る途中のドライブで目にする富士山は、ただただ美しく、壮大で、感激する。

「それに、熱海の利点は、なんといっても東京から近いことなんですよ！」

渋滞していなければ、車で二時間半ちょっとで着くという。朝九時に出ると、ランチ前には着いてしまう。あまり疲れない。けれど、東京の通勤圏ではない。それが、湘南《しょうなん》などとは違う、別の空気が流れている感じなのだそうだ。

小さなマンションは、掃除も何もかもラクだ。引っ越し荷物も少なくて済んだ。ソファとベッド、ダイニングテーブルと椅子など最低限の家具と、エアコン、テレビ、冷蔵庫、洗濯機、電子レンジなどは買いそろえたが、食器や洋服、寝具やタオルなどは東京の家から持ってきた。

昼は外食、夜は、スーパーで食材を買い、家で食べることが多い。東京・熱海間を車で往復するので、東京から野菜や果物、お菓子の残りなどを持ってきて、余った食材などはまた持って帰る。

周辺に小旅行ができることもこの地の魅力の一つだそうだ。熱海を拠点に車で、小田原《おだわら》、箱根《はこね》、伊東《いとう》、修善寺《しゅぜんじ》、西伊豆《にしいず》、三島《みしま》、下田《しもだ》など、その日の気分で小旅行をしている。これは基本的には日帰りだ。土地土地の美味《おい》しいものの店にもけっこう詳しくなった。

「海外旅行に行けなかったコロナ期間、改めて日本の良さを見直すことになりました。花火大会などに合わせて夏休みに息子たちが孫を連れて来ることもありますが、狭くて、布団もなくて泊まれないから、近くに宿を取るんです。それが、お嫁さんにとっても気楽じゃないかしらね」

二拠点生活を始めて、生活にメリハリが出てきたと思う。

「起きたらまずゆっくりと温泉につかります。これは最高です。そして、軽く朝ごはんを食べた後、今日はどこに行こうか、と考える。昼にどこで何を食べるかで行き先を決めるときが一番多いけれど、美術館の催しや河津桜《かわづざくら》を見る、などの目的から決めることもありますね。もちろん、スーパーに行くくらいでほとんど家から出ない日もありますよ。夜は東京から持ってきたＤＶＤを観《み》ながら、テイクアウトしたメンチカツと刺身で夕食を。自分で作るのは野菜《やさい》炒《いた》めやサラダくらい、凝った料理は作りませんね。そして、また、温泉につかって眠る。月に一度の気分転換であり、骨休めでしょうか」

とりあえずはずっとこんな生活を続けるつもりだが、将来突き付けられる最大の問題は、車の免許だという。

夫は70歳、自分は68歳で、どちらも運転するが、何歳で免許を返納するかはそのときになってみないとわからない。五年後か一〇年後か？　そのときに、自動運転の車がどれだけ普及しているのかもわからない。

免許を返納したら、新幹線で来ることになるだろうから、この生活も微妙に変わると思うという。今みたいに車に、洋服でも読みかけの本でも食材の残りでも何でも積んでくるなんてことはできなくなるし、近くへの気軽なドライブ旅行はあきらめなくてはならない。

「そうなると、行動範囲はバスで移動できる熱海周辺に限定されてしまうでしょうね。熱海の街は、レトロな喫茶店とか美術館とかいろいろあるから、それはそれで楽しいとは思うんですが。私たちの健康やコンディションがどうなっているかもわからないから、そのときはそのときだと思っています」

実家を改装して自分の別荘に

鎌田早苗《かまたさなえ》さん（63歳、独身）は、もうすぐ定年という59歳のときに、和歌山県の実家を訪れた際、80代半ば（当時）の母親から、家の近くの老人ホームに入るつもりだと告げられた。すでに、入居一時金も支払っているという。

開業医だった父は一〇年前に他界して、母は一人暮らしを続けてきたが、一階の医院は荷物を運び出した後そのままになっていて、母は住居部分の二階に暮らしていた。もちろん、宅配便の人には二階まで上がってもらっていたけれど、それでも、民生委員や町会費のことなどで同世代の近所の人が来たときには下まで降りていく。

今のところ健康だが、買い物など外に出る用事の度に、階段の上がり下りをするのが辛《つら》くなってきたし、一階が空っぽだとなんといっても物騒だというのが、施設入居の決め手になったという。

母の話を聞いて、いつもは実家に帰っても素通りする一階を、改めて見渡してみた。待合室と受付、診察室、検査室などがあって、けっこう広い。

「そのときふと、そこを、私が実家に帰るときの宿みたいに改装してはどうか、と思いついたんです。セカンドハウスというか、二拠点生活ですね」

鎌田さんは一人っ子だったから、いずれその家を相続することになるが、母に自分の思いつきを相談してみた。母は、

「そんな、人が住むようになんて改装できるかしらね？　お金もかかるんじゃないの。それより、私はいないのだから二階に泊まればいいじゃないの」

とは言ったが、反対はしなかった。

居住部分の二階は、モノが多かったが、それなりに母が心地よいように整えられており、いくら老人ホームに入るといっても、元気なうちは、そのまま残しておいてやりたかった。

「母が今くらい元気なら、たまにはホームから家に帰ってひと時を過ごすことだってできるし、『私が、掃除くらいはしておいてあげるね』と言ったんです」

鎌田さんの今の住まいは、会社から三〇分のコンパクトな単身世帯用マンションだ。学校を卒業してから仕事一筋で来たので、通勤が楽で近いことを最優先に選んだ。

「買った当時は、基本的に眠るだけ、みたいな感覚だったので、職住接近を何よ

り重視したんですよね。でも、この歳になるとね。ちょっと狭苦しいなあ、仕事をしなくなったらどうしよう、とはずっと考えていました」

だから、その広い空間を見たときにピンときたのかもしれない。一階は改装し甲斐《がい》がある、私の求めていたものがある、と直感したのだから。

独身でずっと働いてきたからそれなりに貯金はあったし、改装費は退職金から何とかなりそうだった。

すぐに改装イメージが固まった。

部屋は大きく二室。寝室部分とリビング・キッチンとに分け、リビングには大きな保存庫兼納戸もつける。収納は基本それだけ。寝室にはバーを二本くらい置き、洋服はそこにつるす。ニットなどは、簡単なチェストを買ってそこに入れればいい。トイレはとりあえずそのまま使い、風呂がないから、新たにシャワー室は作らなければならない。医院の入り口を玄関にしてドアを変え、頑丈な鍵をつけ、患者用の下駄箱《げたばこ》はそのまま使うことにした。ちょっとそっけない雰囲気は残して、今どきの家具の少ないロフトみたいなイメージだ。キッチンも小さくていい。

母親が施設に入居してから工事に入った。

工事を始めて間もなく、コロナ禍が日本を襲った。が、定年後、再雇用になっていた鎌田さんの場合、週三回の仕事のほとんどがリモートワークとなり、逆に好都合というか、以前よりも実家にも通いやすくなった。

そのセカンドハウス構想が決まってから、工事の進捗状況を見に行く度に、必ず近くに入居している母を訪ねた（緊急事態宣言が出たときには会えなかったが）。

コロナの真っただ中、リフォームが完成し、東京の荷物を一部そこに移すと、ちょっとは家らしい感じになった。広々として気持ちがいい空間ができたと思う。また、荷物が減った分、狭苦しかった東京のマンションが、ちょっとだけすっきりした。

居心地がいいのか、年に七、八回はその家に行って数日滞在するようになった。かつては、正月とお盆くらいしか帰省しなかったのが、まさかこんなに行き来するようになるとは、自分でも驚いている。母も一度、見物がてら泊まりに来たが、

「へえー、こんなふうに変身しちゃったのね、と、ちょっと嬉《うれ》しそうだったんですよ」という。

「はじめは、その家を拠点にしてあちこち旅行しようとか、高校時代の友人たち

を誘って頻繁に飲みに行こう、ここで飲み会をやってもいいかな、なんて考えていたんですよ。でも、コロナで、それもどうなのかな、と思っている中で、その新しい部屋に滞在しながら、見つけた一番の楽しみは、二階に上がって実家の片づけをすることだったんです！」

実家の片づけというと大変さが先行するように感じるが、鎌田さんは楽しみながらやっていった。母は娘のものを何でも取っておいてくれて、それらを選別しながら一階の納戸に移すことができた。母の洋服の一部とか、貰《もら》い物《もの》のタオルとかシーツ、また食器や漆器、鍋などは、母の許可を取り、気に入ったものをそのまま使わせてもらった。

「キッチンから外国製のふきんとかランチョンマットなんか、使っていないものもどっさり出てきておかしかったです」

「なんというか、ゆっくりゆっくり時間をさかのぼる感覚、静かに思い出に浸る経験は、生まれて初めてだったかもしれませんね。私の子供のころの成績表とかノートとか絵とかピアノの発表会の録音テープなんか、いろいろ出てきて面白かったですし、母の家計簿や料理のレシピノートなんかもあって、私の原点、昭和の家庭の姿がそこにありました」

　そういった懐かしの品を老人ホームに持っていき、母に話を聞くこともある。

「母は、医院兼自宅を建てたとき、お客さんを家に招いて料理でもてなそうってイメージが膨らんで、カトラリーとかランチョンマットとかいろいろ揃《そろ》えたけど、一階が父の仕事場だったから、ほとんどお客さんは来なかったそうです。だから、客用のモノは出番がなかった、楽しい幻想だったたって言っていましたね」

　あの堅実な母にして、そんな失敗？　があったなんて、おかしいし可愛《かわい》い。

「もし、一階を改築しなかったら、母がいつか亡くなった時点で、家は一気に、家具も荷物も何もかも業者に任せて一括処分してしまうところだったと思います」

　その家を解体して更地にして売りに出して、売れたお金を今の狭いマンションからの住み替えに使っていたと想像できる。

「その方が合理的な賢いお金の使い方かもしれませんよね。でも、それでは私の生活はほとんど変わらなかったと思うんです。今より10～15㎡くらい広い空間を手に入れて満足しておしまいで」

「でも、こうやってよかったと本当に思っています。私の居場所がここにもある、と思えるし、その居場所には未知の部分もたくさんあって宝探しの冒険みたいでワクワクしますし、しかもそれは母のそばで、思い出とともに過ごせるという素敵なおまけがついているんですから」

二年後、再雇用も終え本格的に退職したら、母が生きているうちは、一回の滞在が、一週間とか、もっと長くなるだろう。

「母が亡くなってからも別荘としてこの家を残しておきたいと思っています。そうなったら、お店をやるとか違う使い方をするかもしれませんが、そのときはこちらがメインの住み方になるでしょうか。でも、それはどうかなあ？　今のままの方が暮らしやすいかもしれないし、まだそこまでは考えていないんですよね」

出産した娘のそばにマンションを借りた

幸田綾子《こうだあやこ》さん（64歳、既婚）は、定年退職後、再雇用で働こうと思えば働けたのだが、それはせず、家族の事情を優先した。独身の姉と同居しているそれまで元気だった母親（わりと近所に住んでいる）が入院したりして少しずつ衰えてきて、介護の必要が出てきたのだ。三人姉妹のもう一人の妹とも話し合って、分担して実家の母の介護・家事の補助に通おうということになった。

定年まで頑張ったことだし、この先仕事はもういいかな、区切りが必要だとも考えた。

週に一回か二回、退院した母の様子を見に、家事の手伝いをかねて実家まで通っていた。

そんな折、二年前に結婚したひとり娘が妊娠し、実家（幸田さんの家）に戻ってきて出産したいと言ってきた。ちなみに娘は結婚後も仕事を続けていたが、産休を取っていた。

無事出産、女の子が生まれた。初孫である。

三世代の蜜月の二か月が過ぎた。ところが、娘は、実家に戻った当初は二か月したら家に帰ると言っていたのに、何やかやと理由をつけて出産後三か月近くになっても戻ろうとしない。はじめは、上げ膳据え膳で楽なのね、久しぶりに実家に帰ってリラックスしているんだ、などと思っていた。

「いや、そうではなくて、初めての子育てで娘はナーバスになっているのかもしれないと考えるようになったんです。娘の夫は優しい人ですし、いろいろ手伝ってくれるとは思うんですけれど、育休を取るようなところまではいかないでしょう。仕事は忙しそうですから」

それでも、ようやく自宅に戻ることになった時、不安そうな娘を見て、しばらくは自分が娘を支えてあげた方がいいのではないか、と感じたという。

とはいえ、娘の50㎡ほどのマンションでは、幸田さんが寝泊まりする部屋はない。かといって、自分の家から通うとなると、片道二時間もかかり、交通費だってばかにならないからそう頻繁には行けない。

ではどうするか。

「そうだ、娘のマンションのそばに自分たちも部屋を借りてはどうか、と思いついたんです」

夫婦で定年まで働いていたから、経済的には余裕があった。

幸いなことに、退院後の母はかなり持ち直し、体調は戻ってきており、実家に手伝いに行くのも週一回にしてもらった。

賃貸マンションは、割とすぐに見つかった。娘のマンションから徒歩一〇分くらいで、43㎡くらいの1LDKだ。

実は娘の住んでいるマンションにも空きがあったのだが、広すぎるのと、そこまで母娘《ははこ》が密着するのはいくら何でもやりすぎで、

「助けるけれど、ここまでよ、と線を引こうと思ったんです」

ということで、幸田さんの、今の家と、娘と初孫を助けるために借りたマンションでの二拠点生活が始まったのである。

実は、幸田さんの姉妹や友人たちは、みんな反対した。

「何もそこまでやらなくても……」「母親として娘を甘やかしすぎじゃない」「娘さんは大丈夫。できるわよ」「子育てにもそのうち慣れてくるわよ」「いい加減、子離れしたら」などと言われた。

それはその通りである。

が、よくよく考えて、今自分が最もしたいことは、旅行より、毎日スポーツジムに行くより、習い事を始めることより、

「娘のそばにいて、初めての子育てをサポートしてあげることだ！」

と気付いたのだという。

幸田さんは会社員時代、娘を出産した後も、近所に住む母の手を借りながら、なんとか仕事を続けた。産休はあっても育休などない時代だったので、早くに職場復帰し、「もし自分が専業主婦で家にいたら、娘にもっといろいろしてやれたのに」という申し訳ない気持ちもあったかもしれないと思う。

そして定年退職した今、週一、二回、母の介護と家事手伝いに通う以外は自由

で気楽な日々を送ってはいたが、なんか物足りないというか、生きている実感がないというか、毎日がただただ過ぎていくことに虚《むな》しさも焦りも感じていた。

初めての自分のための時間、思いっきりわがままになれる時間、と楽しみにしていたし、書道や俳句などいくつか習い事やボランティアもしてみたのだが、その生活は想像していたのとはちょっと違ったのだそうだ。

一方、同時期にリタイアした夫の方は、料理を少しずつ覚えたりしていって、それなりに生活力を身につけ、毎日が楽しそうである。

「私が打ち込めるものを見つけられなかったからでしょうが、フワフワして頼りない、と言ったら言い過ぎだけれど、なんか芯がない日々が続いていく感じだったんです」

そんなときの、娘の出産だった。

夫に相談すると、「まあ、やってみたらいいじゃないか。僕は自分のことは自分でできるから大丈夫」と言ってくれた。

というわけで、不定期だが、週に二度くらい、その賃貸マンションに泊まることにした。

やることは、お惣菜《そうざい》を作って届けたり、掃除・洗濯を手伝ったり、娘が出かけるときには赤ちゃんの世話をしたりすることである。その間は、娘は友人と会ったり、自由に買い物をしたりできる。

とはいえ、ずっと一日中べったり娘や孫と過ごし、何から何まで手助けすることは、いつかこの状態をやめる時にお互い難しくなると考えて、自分だけの時間も持つことにした。街の図書館に行ったり、早朝散歩をしたり、ショッピングモールやカフェを巡ったりもしている。今では、娘に新しいパン屋さんの情報を教えるまでになっている。

「考えてみたら、私にとっては、週二日限定ではありますけれど、生まれて初めての一人暮らしなんですね。学生時代から仕事を始めてもずっと実家暮らしで、結婚後、主人が三年間の単身赴任中は子供と一緒でしたから。60歳を過ぎて、初めての一人暮らしを満喫しているんです」

基本的に自分一人だが、たまに夫も、気分転換&様子を見がてら来て泊まっていく。そんなときには、赤ちゃんを連れてみんなで近所にランチをしに行ったりする。

娘は、産休から育休に入っていたが、保育園を見つけて、二年後には仕事復帰する予定だ。「もしかしたら、本当に助けが必要なのは、娘さんが仕事に戻ってからかもしれないわね」と友人たちは言い、自分もそうだと思うのだが、そのときはそのときで考えればいいと思っている。

もちろん、保育園に入ってしばらくは今のまま様子を見ようと思っているが、行く頻度が減ることは間違いない。

60代半ばと後半の夫婦だ。二年後には何がおきているか想像がつかない。どちらかが大きな病気になるかもしれないし、何より80代後半の母親も弱ってくるだろう。そのときは、姉を助け、介護にもっと時間を割かなくてはならない。

だから今のこの時間を、人から見たらなんて甘々な母親なんだろうと思われるかもしれないが、楽しもうと思っている。

二拠点生活は移住とは違う

今、新しい働き方として、副業が注目されている。

その特徴は、本業とは全く違う仕事を選んですることにある。会社に勤めながら、趣味の手作り小物をネット販売したり、休日だけオープンのカフェを経営したり。

やがて副業への情熱が増して、そちらの方が本業になる、というケースもあるかもしれないが、普通、副業はあくまでサブ的な位置づけで、お小遣い稼ぎ的な、あるいは、別の自分を発見する的な、意味あいが強い。

コロナでリモートワークが普及してきて、家を郊外に買いそこで仕事をすることができるようになったけれど、東京の部屋も残してたまに出社する、などという分散型の仕事のやり方も出てきた。

二拠点生活もそれに近いように思う。

60歳を過ぎた女性たちの二拠点生活という言葉を聞くと、ひと昔前なら「リタイア後の優雅な移住生活」を思い浮かべたかもしれない。

が、それよりは、仕事における副業的な位置づけだ。

つまり、自宅は動かさない。

そして、新たな拠点が加わる。

新たな拠点でも生活をするのだが、暮らし方は、本業と副業のように異なっている。

面白かったのは、新たな拠点では、明確にどんな暮らしになるかを想定するところから始めることだった。

そして、そこで暮らしながら、自分なりの居場所を整え、心地よい暮らし方のパターンを作っていく。

ここに登場していただいた三人の方も、二拠点での暮らし方のパターンは全く違う。

水谷さんの二拠点目の暮らし方は、旅することに近いだろうか。新しい家を拠点にしたドライブ小旅行は楽しそうだ。

一方で、鎌田さんは、二拠点目の家でゆっくりくつろいでいる。自分の子供のころの家族との思い出に浸ったり、施設で暮らす母親との時間も持つことができている。

また、幸田さんの場合は、二拠点目の家で、生まれて初めての一人暮らしを楽しみながら、出産した娘と孫のために働いている。

そして、これが大事だが、二拠点生活は、まだ元気なうちだからこそできることだと思う。

また、この新しい暮らし方は、実は中高年に合っているのではないか、と感じた。

中高年になると、どうしても動きが鈍くなる。活動範囲も狭くなる。面倒くささが先に立ってしまいがちだ。人生におけるイベントはほとんど終わっており、誘われることも減ってきて、子供はとうに独立して、毎日が平坦《へいたん》だ。なんとなく、日常が狭くなっている気がする。しかし、時間だけはたくさんあるのである。

人にもよるが、経済的な余裕も少しはある。そして、まだまだ健康だ。

そこへ、外的な要因としての新しい住まいができて、そこでも暮らさなくてはならなくなって、ある日突然、二拠点生活が始まるのである。

住み替えではないから、引っ越しの負担もさほどではない。

二つの住む拠点があったら、無理をしてでも、割と頻繁に移動しなくてはならない。二拠点で暮らすわけだから、荷物も少しは増えてしまう。

そして、生活はいきなり広がる。新しい暮らし方を形作っていくことになるわけだ。

しかしながら、この二拠点生活が、どういう形で終わりになるかは見えない。

ここに登場していただいた方々も、この先どうなるかはわからないと言っていた。

だいたい、終わりなんか考えていては二拠点生活などできない、とも思う。人生だって、いつか終わりが来るのだ。

だから、二拠点生活も終わりは来るだろうが、それは、自分の体調からかもしれないし、親や夫の介護のためかもしれないし、気力の問題かもしれないし、興味が薄れたからかもしれないし、神のみぞ知るということだろうか。

2　定年女子には「ソロ活」がよく似合う

一人でアフタヌーンティーを楽しむ

山野辺《やまのべ》ともよさん（64歳、独身）は、最近「ひとりアフタヌーンティー」にはまっている。

50代半ばに役職定年となって仕事は少し楽になっていたから、何か、心が豊かに感じられることに打ち込めないかと思っていたが、それは大好きな紅茶以外ありえなかった。

それまでも、旅に出ればネットで探したその街で評判の美味しい紅茶専門店でお茶を飲み、どこそこの紅茶が新しいと聞けば買って飲んでみた。もちろん、ホテルなどのアフタヌーンティーにも何度か行ったが、そのときは、「一人で優雅な時間を使うのがもったいない」と思って、友人を誘っていたそうだ。

そこへ、コロナである。

定年後だったから、仕事は子会社での再雇用に変わっていて、週三日の勤務になっていた。

家で紅茶を味わう日常は変わらなかったけれど、コロナ禍二年目くらいから、家にこもってリモートでの仕事だけの日々にも少し飽きてきた。前みたいに外へ出て、いろいろ楽しみたいと思うようになったという。

アフタヌーンティーにも行きたかったが、緊急事態宣言が何度も出されたりする中、友人を誘うのは無理だし、せっかく（友人が）おしゃれをしてきてもマスクで周りに気を使いながらでは申し訳なく、「友人とのアフタヌーンティー」はありえない選択肢だった。

だから、一人で行くことに決めた。

「アフタヌーンティーって、盛りだくさんだから、食べ終わるまで時間がかかるでしょ。だから、はじめは一人じゃ一時間半とか、間が持たないんじゃないかと思ったのですが、実際はその逆でした。そこで扱っている紅茶の種類を給仕をしてくれる女性に細かく質問したり、写真を撮りながらノートに感想を書いたりするには、一人の方がずっとやりやすかったんです」

「それに、アフタヌーンティーって五〇〇〇円くらいはするじゃないですか。ちょっと高級なランチ以上の値段で、それに付き合ってくれる友人は限られていたんですね。そして、せっかく付き合ってもらったからには、相手の相談話などをじっくり聞いたりして、どうしても紅茶そのものを味わうのが後回しになってしまうんですよ。三人以上になると、もっとそうです。あとでセイボリーは何と何だったっけ？　と思い出せないほど、お喋《しゃべ》りがメインになってしまいます」

そんなわけで、コロナ禍の中、ひとりアフタヌーンティーにすっかりはまってしまった。

感染者数が少し下火になってくると旅行にも出かけたが、旅程にもなるべくアフタヌーンティーを組み込んだ。コロナ時には、ホテルも空《す》いていたし安かった。その浮いた分の費用をアフタヌーンティーに回したりできた。

普通の旅行だと、パンツスタイルがほとんどなのだが、アフタヌーンティーが組み込まれた旅のときには、お気に入りのシフォンのワンピースなどを荷物の中に入れた。紅茶やお菓子を味わうだけでなく、そのホテルのお庭を散策したり、建物内を見て回ったり、そういったすべてを含めての豊かさを心から楽しんだ。

また、ふるさと納税で、ホテルや料亭などのアフタヌーンティーを選べることもわかり（ただし、ペアチケットが多いのが問題なのだが）、それを利用して申し込んだりもした。伝統的な紅茶だけでなく、和風のアフタヌーンティー、シノワ風のアフタヌーンティーを楽しんだりもできた。

山野辺さんは、SNSにアップされたアフタヌーンティーの情報や写真は大いに参考にするが、自分からは発信をしていない。

「年齢的なこともあると思いますが、人に情報を知らせるより、自分自身で楽しめたらいいと思うので、もっぱら自作ノート派です」

「行きたくなったらすぐ、行動に移せるのも一人だからこそですよね。友達と予定を合わせる煩わしさから解放されました。まず、目的のアフタヌーンティーを予約し、それに合わせてホテルと列車のチケットを取ったりしましたね。思い立った翌日即実行、なんてこともありました」

コロナが完全にあけても、このひとりアフタヌーンティーは続けるつもりである。

が、すべて一人がいいのではなく、友達と会うことの大切さもわかっている。友達とは、お手軽なランチとかケーキセットが美味しい店などにして、それはお喋りメインと決め、アフタヌーンティーは自分一人で楽しむ。

これまでの日常に加えて、新たな時間の使い方を発見できた感じなのである。

「将来は、紅茶の茶葉の産地を訪ねるとか？」と聞くと、

「うーん、そちらではなく、むしろアフタヌーンティーの文化的歴史的発展を学ぶ方かな。でもやはり、私は美味しい紅茶とお菓子を味わうことが大好きなので、当分はこのままだと思います」

推しをあえて探す

吉田《よしだ》公子《きみこ》さん（68歳、独身）は、最近、落語にはまっている。いや、正確に言うと、落語を知ろうとしているという段階か。

30代半ばに一度結婚し、専業主婦になったが数年で離婚。それ以来、実家に戻って親と暮らしながら、社団法人で契約社員として働いていた。

若いころはとりたてて趣味と言えるものはなく、職場の同僚とよく飲みに行っ

たり、休日には学生時代の友人と一緒に買い物に行ったり、食事やお茶をしながら、仕事の愚痴や将来の悩みを聞いてもらったりした。親がまだ元気なうちは家族で台湾《たいわん》やシンガポールにも出かけた。

しかし、その後、父親が少しずつ弱ってくると、母が父の世話や介護をするようになり、入院している父親に付き添っている母に代わり、自分が料理など家のことを担当するようになった。

吉田さんには兄と妹がいるが、兄は海外、妹は遠方に住んでおり、同居している自分が家事や介護を担うのは自然の流れだった。

吉田さんが50代のはじめに80代半ばの父親が亡くなると、今度は、それまで父の看病で頑張っていた母親の方が少しずつ衰えてき始めた。吉田さんは自ら願い出て、フルタイムから週三回の勤務に変えてもらった。

母の介護はもちろん自分一人でやったわけではなく、介護ヘルパーや訪問看護師の助けも借りたし、自費でデイサービスも一部利用したが、家族が同居ということで親の介護度は少しずつしか上がっていかず、受けられるサービスの範囲は限定的だった。

それでもなんとか仕事は続けながら、病院への付き添い、薬の受け取り、買い物や家事も自分がこなした。入浴の介助は、デイサービスやヘルパーにゆだねた。大変だったのは夜の時間帯で、ヘルパーが来ないため、トイレ介助などで常に寝不足の状態だったという。

吉田さんが62歳のときに母親が亡くなった。最後の時期は、病院に数か月入院したりしたが、コロナで面会はほとんどできなかったという。

吉田さんはその少し前、60歳で社団法人での仕事も辞めていた。

とたんに、自分には人生のよりどころになるものが何もなくなってしまったことに気付き、愕然《がくぜん》としたという。

大好きだった父も母も、もういない。

仕事は終わってしまった……。

そして、時間だけがある。

しかし、そこで人生の明るい面、よい面を見ようと切り替えたという。

自分は健康に恵まれ、六〇数年の人生で一度も入院をしたことはなかった。親は遺言状で自宅を自分に残してくれ、貯金は兄と妹で三等分ということにしてくれた。これまで光熱費や食費など生活費は同居していた親が負担してくれていたのでタダだったし、ずっと働いてきたので、そう多くはないものの蓄えはあった。

友人はいるが、たまにランチをする程度でいいと思っている。

実はここ一〇年あまり、父や母の介護で友人と会うどころではなかったのだが、それはそれでラクでもあり、無理をしない自然で規則的なペースでの暮らしを送れていることに気付いたそうだ。友人と合わせるのも、実は疲れることだったんだな、とわかったという。

そこで、これからの人生で打ち込める、できたら一人でやれる趣味を見つけようと思った。

「そうだ、推しを作ろう！」と思いついたわけである。

独身の友人の中にも、BTSとかフィギュアスケートとか宝塚《たからづか》とか、それが今の自分にとってのナンバーワン、といえる推しを持っている人がいる。羨ましいのは、意識と行動の優先順位がピシッとそこに向かっていることである。

一方で、それに夢中になるあまり、時間とお金を使いすぎたり、毎日の生活がおろそかになったりする様子も見ていた。

自分の推しだが、まずは歌舞伎かなと思い、安いチケットを買って、半年間歌舞伎座に通ってみた。が、行けば行ったで楽しめるが、それでおしまいという感じだったという。そこから先、いろいろ調べてみようとか、ある役者に夢中になりそう、とか、そういうレベルには達しなかったそうだ。

それで、今は、落語にスイッチしてみたところである。

もちろん、「推し」とは、そういろいろトライするというものではないことは承知している。気が付いたら、何より夢中になっていて、そこからエネルギーをもらって最高、というのが本来のかたちだろう。

でも、自分は、そういう推しには実はあまり興味がない。そうなればなったでいいとは思っているが、そこまで入り込まなくても、「趣味はまあ、落語です」くらいの感じで、細く長く楽しめればいいなと思う。

「私の推し活の条件は、挫折感がないこと、消耗してしまわないことです。また、一人で楽しめるものですかね。夢中になれるところまではいかなくても、しばしその世界に浸れればＯＫ、くらいの軽い感じでいます。でも、それでも、目標はあるから楽しいですよ」

おひとりさまバス旅行

安本佳子《やすもとよしこ》さん（65歳、独身）は、若いころから日本国内を巡る旅によく出ていたが、それは、雑誌で見つけた「憧れの宿に泊まる」というのが定番のスタイルだった。広告代理店に勤めていたから、付き合う人もマスコミ関係など流行の感度の高い人が多く、現役時代は、おしゃれな店に夜、数人で集まっては仕事の話をしながら、いいと思ったレストランや宿について情報交換するという感じだったという。

だから、「バスで日帰り蟹《かに》食べ放題！」みたいなツアーはなんとなくひと昔前の団体旅行っぽく思え、垢抜《あかぬ》けない感じがして眼中になかった。

しかし、定年後にはまったのは、その蟹食べ放題のバス旅行の方だった。

たまたま、美味しい蟹が食べたいな、と思ったときに、新聞広告で「新幹線で行く金沢で蟹を満喫！」のツアーを見つけたが、有名旅館に宿泊し、必要のない見学体験なども含まれていて料金も高く、それと同じ趣旨のバス旅行のお手頃さに惹《ひ》かれたのだ。

「まあ一度話のタネに、くらいに思ってあまり期待しないで参加したんですよ。それが思いのほか楽しかったんです。蟹だから高齢者の参加者が多くて、なんかくつろげたんですよね」

旅程も、高齢者に合わせて比較的ゆったりしていた。参加者は同年代くらいか、年齢が高い夫婦や姉妹などが多かったが、おひとりさま参加者もけっこういた。トイレ休憩も何度もある。バスの座席も、広々フカフカで快適だ。食事もおしゃれではないけれど、よく考えられていて、お得感が満載だった。

そして、何よりよかったのは、バスツアーの雰囲気だった。「今回で二〇回目くらい」というベテラン旅行者が、食事時など気軽に話しかけてくれ、「一人淋《さび》しく片隅でごはん」（実はそれを心配していたそうだ）ということはなかったし、昔からの知り合いと話をしているみたいに盛り上がったりもした。

そんなツアー仲間に、これまでよかったバス旅行について教えてもらい、自分でも調べ、年に数回は行くようになったのである。

バスツアーは食べることがメインの旅行が多いが、ほかに花や紅葉を見るのが目的、フルーツ狩り（家族連れが比較的多い）、温泉、行事や祭りをメインに据えたものなど、テーマがはっきりしている。費用は日帰りだと一万円前後が多いが、旅程は無駄なく無理なくきっちり組まれているところも気に入った。

安本さんも、60を過ぎて、自分で宿を取り、列車のチケットを買い、レストランを調べて予約し、という旅のやり方が億劫《おっくう》になり始めていたし、バス旅行の価格に慣れてくると、「個人旅行って、なんて割高になるのだろう」とも思ったりした。

安本さんは一人なので、食を楽しむツアーをメインとし、あとは神社仏閣や祭りを巡る旅に絞って回ることにした。おひとりさま専用のバス旅行もあるが、それに限定することなく、普通のバス旅行にも一人で参加している。

バスツアーに参加するようになって、四季折々の日本の風景、行事、食べ物にも詳しくなったと思う。旅程などはすべてお任せなので、行く前に図書館でその土地のガイドブックを借り、前もって知識を仕入れておくのも習慣になった。

最近は、新幹線などを利用した「二泊三日京都おひとりさまツアー」などもよく見るが、それだったら別に、ツアーではなく自分一人で行けばいいと思ってしまう。バスツアーのいいところには、交通の便が悪いなどして、自分では行きにくいところに行ってくれたりすることもあるわけだから。

バスツアーのメンバーとは、そのときには楽しくお喋りするし、それが礼儀だけれど、帰ってからも連絡を取り合ったりすることはない。「今度これに行きましょうよ」と約束することもほとんどない。

気が向いたときにふらっと参加し、解散してそれでおしまい、ああ美味しかった、楽しかった、というパターンも気に入った。

行って帰ってくると、一日中バスに揺られるから、ドッと疲れるときもある。

しかし、夜中に洗濯機を回しながら、旅行パンフレットで、次のバスツアーを探していたりすることもあって、

「私、クセになっているな、と思いますね」

とはいえ、そのうち、このバスツアーにも飽きてくるだろうという予感もするのだ。

だから今後は、変化をつける意味で、時には一人ではなく友人を誘ってみようかなとも考えているし、逆に、飽きるまで一人で参加し続けて、とことんやりつくし、そこでパタッとやめてもいいかなとも思っている。

自分を楽しませる居場所としてのソロ活

定年女子のソロ活って、面白いな、というのが正直な感想だ。

それまで、ずっと職場の人間関係で悩んだり、仕事でストレスを抱えていたりした（意識はしていなくても）定年女子が、ある日、解き放たれたように、一人で行動し始める。

仕事で培った情報収集能力を発揮して調べまくり、すぐさまポイントをつかみ、ガガッとのめりこんでいく。そのスピードがすごい。

一人だからこその楽しみ方をすぐさま会得してしまう。

対象を極めていくプロセスについては個性が出るが、どれもその人らしくて楽しそうだ。

取材した範囲で感じたことだが、それをあまり友人らに話したりせず（別に秘密にしているわけではないが）、一人で静かにその世界に浸っているのだ。

さて、一口にソロ活といっても、世代によって見せ方、考え方が大きく異なるようである。

若い世代のソロ活は、人に見せたい、知ってもらいたい、つながりたいという動機から、ＳＮＳを使い、日常レベルで発信していく。

それに対して、私たち定年女子世代のソロ活は、日常から離れて、自分の中でじっくり熟成させる感じである。

これは聞いた話だが、今どきの大学生は、「一人でランチをしているところを見られるくらいなら、トイレの個室で食べる」と言われるくらいに、「あの人、独りぼっちで友達がいなそう、淋しそう」と思われるのを嫌うようだ。

反対に、私たち世代は、高校生のとき、一人でカッコつけ（たつもりで）青山《あおやま》の大人の喫茶店に入ったり、そこで気取って詩の本を読んだりしながら、その姿を誰かに見られないかなあ（あの人、一人で決まってる！　と思われたいから）、と願ったりした世代だ。

今から四〇年ほど前、私がいたノンノ編集部では、「女の一人旅」のブームを他の雑誌とともに作り出し、京都、軽井沢《かるいざわ》、萩《はぎ》・津和野《つわの》などを一人で旅する若い女性たちをたくさん世に送り出したが、その女性たちが今、まさに定年女子世代になっているのである。

みんなで群れるなんてカッコ悪い、と考えているDNAが心の奥深くに組み込まれているせいか、定年女子になっても、案外一人の活動がしっくりくる、と思う。私たちには、ソロ活がよく似合う。

さて、ソロ活には、タイミングがあるような気がする。

たまたま、親が亡くなった。離婚した。子供が独立した。引っ越した。そして、仕事を辞めた。つまり、自分のために使える時間ができて、何かから解放されたタイミングである。

コロナが猛威を振るって、以前のようには人に会えなくなり、一人で自分が楽しめる何かを探すようになったことも、ソロ活のタイミングになっているのだろう。

そのタイミングを活《い》かして、私たちは自分を楽しませる新たな居場所をまたひとつ作った、のである。

第2章

定年女子を取り巻く特殊事情
――親と子供

自分がまさにその年齢に達して初めてわかったのは、どのような老後を過ごしたいかということ以上に、その前の時間がとても大事だということである。私たちが60代～70代前半くらいだとして、まさに今、どのような生活を送りたいか、だ。

老後と、今の年齢とでは、全く別の景色が見える。

私にとっての老後は漠然と80歳くらいから始まるのだが（かつては75歳くらいから、と言っていた）、実際自分が80代になったら、老後開始をもっと先送りしているかもしれない。

それはともかく、老後の価値観、老後の風景というものは、誰もが似たり寄ったりではないだろうか。

まず何と言っても健康第一。できれば、パートナーが健在で、子供や孫に問題はないこと。日常生活においては、自分の脚で歩けて、自分で料理もして、居心地のいい環境で暮らせて、ほどほどのお金もあること。また、少しの交友関係は維持しており、できたら打ち込めることもあって、好奇心を失わないという日常である。

でもそれは今の私にとっては、気持ち的にずっと先のことで、今の年齢の過ごし方とは違うのである。

そして友達なんかと話す中でいいなと感じる60〜70代の暮らしは、それは私の好みなのだが、なんだかんだと忙しくしている日常である。

例えば、Aさんは、持っていたモノを半分以上捨ててきれいになったマンションで、食材にこだわった料理を作り、毎朝五時に起きて爽やかな空気の中で散歩をして、毎日子供や孫とLINEをして、ベランダで野菜を育て、たまに、友人らと美術館に行ったりランチをしたり、という暮らし方をしているとしよう。絵に描いたような素敵なシニアの暮らし方だ。

一方、Bさんだが、夕食は、自分たち夫婦と仕事をしている娘の家族の計五人分を作り、頼まれれば孫の習い事の送り迎えをし、夫は前よりずっと手がかかり、自治会の仕事も忙しく、老人ホームに入居している母親には週一で一時間半車を飛ばして会いに行く。休む間がないから、家は片付いていなくて雑然としている、といった暮らし方だ。

私は子供がいないのでよけいにそう感じるのかもしれないが、Bさんの方が楽しそう、羨ましいと思う。

たぶん、Aさんのような美しい暮らしがストイックな自己統制を伴うように見えるのと、その割には、自分でコントロールの利くものがほとんどだから物足りなく、そんな暮らしが一〇年も続くとするとおそらく退屈でどうしようもなくなると思う。

ただ、その生活を披露する情報発信の手段を持っている場合、それは、自己満足度も大きいというのも理解できる。

一方、Bさんの場合は、それは体力の消耗も激しく、愚痴も、ため息も多いだろうが、70歳にして周りから頼りにされている感じが「なんかいいな！」と羨ましいのだと思う。もっとも、それら全部がある日突然煩わしくなって、「私一人自由気ままに生きたい」となる気持ちもわからないではないが。

本章では、定年女子がプライベートで深く関わる親と子についてまとめてみたい。定年女子は仕事の場ではキリッとカッコよかったが、プライベートでは親と子にはさまれ、振り回されっぱなしなのである。

1　親に振り回されて大変な定年女子

60代〜70代前半は人生で一番忙しいときかもしれない

私たち定年女子世代（60代〜70代前半）は、そのほかの世代とかなり違うところがある。

学校を卒業して仕事をするのが当たり前になり、結婚退職が主流ではあったけれど、結婚しても、子供が生まれても仕事を続ける人が、少しずつではあるが、増えていった世代である。流行の先端を行く女性誌の登場で、衣食住とカルチャーなどに敏感になり、女の一人旅、食べ歩きなどを始めた世代でもある。そのへんのことについては『定年女子　これからの仕事、生活、やりたいこと』で少し詳しく述べた。

しかし、もう一つ、この世代の特徴があるのである。

親と子供たちである。

親はおおむね、とても長生きであり、モノをたくさん所有している。

そして、子供たち、特に娘たちは、結婚して子供が生まれても普通に仕事を続けており、親に頼る傾向が強い。

そして、まさにその親と子供のために、私たち世代は今、人生で一番忙しいときを過ごしているのかもしれない。

どの世代よりモノを所有していた昭和の親世代

まず、親についてみてみよう。

定年女子世代の私たちの親の年齢は80代半ばから90代後半くらい（昭和一桁生まれが多い）、どっぷり昭和世代の親たちだが、現役時代には高度経済成長の波に乗り、その暮らしはまずまず安定していたと思う。

そして、所有しているモノの多さにおいては、他のどの世代と比べても断トツトップである、というのが私の見方だ。

普通のサラリーマンの家庭なら、実家に貰い物や引き出物の箱入りのタオルやシーツ類、食器などが使われないまましまってあるのではないか。当時は、お中元お歳暮に限らず、あげたりもらったりも頻繁だったのだろう。

さて時代をもう少しさかのぼり、私たち定年女子の祖父母の世代になると、基本的にあまりモノを所有していない。彼らの写真すらとても少ない。

明治生まれの祖父母の世代は、戦後ようやく日本が落ち着いたころには40過ぎになっており、平均寿命も短かったし（一九六五年の平均寿命は、男性約68歳、女性約73歳）、大量消費時代以前に、人生の大半を生きていたからだ。

また、私たち定年女子だって、30代、40代の子供たちの母親世代ではあるけれど、昭和の親世代ほどにはモノを所有してはいない。トレンドに乗っていろいろ買ってきてはいるけれど、それなりに選んでいるし、反省して整理したり、捨てたりしており、今まさにその作業中、という人も多いと思う。

だから、60代〜70代前半の私たちの親世代というのは、モノの所有においては本当に特殊な世代だと言えるのではないか。その特徴をまとめると——。

・まず、モノの物量が圧倒的に多い（押し入れの天袋から三〇〜四〇年前の編みかけの毛糸やシーツセットなども出てくる）。

・高度経済成長期に家庭生活をスタート。テレビだ、冷蔵庫だ、自家用車だと楽しく買い物をしてきた。
・お歳暮やお中元も盛んにやり取りしていた。
・戦時中の記憶もあり、もったいなくてモノが捨てられない（家を建てる際には納戸を作り、古い家電やタンス、ストーブなどを保管、庭に物置を作ることも忘れなかった）。
・人生後半には、テレビのネットショッピングにはまった。
・健康関連食品の賞味期限切れもたくさんある。

とまあ、誰に聞いても、この中の半分以上は当てはまるのではないかと思う。「昭和の親世代の家の荷物はすさまじい！」の一言である。

がしかし、同時に「お父さん、お母さん、幸せそうでよかったね」とも思えるのだ。

それは家族が仲良く暮らしていた思い出とも、昭和の良き時代とも重なるからだ。

昭和の親世代は、本当に楽しく買い物をしてきたと思う。

私は自分が小さな子供のころ、家に初めて冷蔵庫が来て、母が嬉しそうに手作りのゼリーを冷蔵庫で冷やしたりしたことを今でも思い出す。ちなみにそのゼリー型は今、私の家の台所の片隅に静かに眠っている。

日本は景気がよく、給料は上がり、デパートに加えて、スーパー、ショッピングセンター、駅ビル、量販店、など次々新しい形態の店ができていった。ファッションで言えば、スカート丈はくるくる変わり（母はミニスカートをはいていたことがあった）、ブランドブームがおこり、女性のファッションのボトムスとしてパンツがメインステージに上り定着していった。

私の両親は50代半ばから兄弟姉妹たち、近所の皆さんと盛んに日本国内を巡る旅に出かけていたが、その度にジャケットを買ったり、靴を買ったり、とても嬉しそうに買い物をしていた。

だから、モノが増えるのはわかる、といえばわかるのである。

そして、モノが増えすぎて、何とかしなくてはと思ったころには、歳をとりすぎていた……。

で、それを片付けるのは娘の私たち、定年女子世代になるというわけである。

親の家とその整理の話

モノに溢れた昭和の家——。

私は25歳のときに結婚して家を出たが、ほどなく私の部屋は、納戸になった。家には小さな納戸と庭に物置があったが、それではモノをしまいきれなくなったのだ。

私は何度か、まだ元気だった母に「お母さん、なんで私の部屋にわけのわからないものが溢れているの？　捨てればよかったのに。なんで片付けなかったの？」と聞いたことがあった。

答えは、「いつか使うと思ったのよ」「あなたたちのためにとっておいたんじゃない」「捨てるなんてもったいないと思わない？」「置けるところがあるんだからいいじゃないの！」「いつか役に立つかもしれないじゃないの」「あら、そんなものがあったかしらね？」というようなものだった。

さて、その昭和の親世代の家と大量の荷物が、私たち、兄弟姉妹の数も少ない定年女子にそっくりそのまま残されたわけなのである。

つまり、私たちは、自分の家はもちろん、親の家の片づけまでする運命にあると言えるのである。

実家の片づけは、大きく二つのパターンに分けられる。

親がまだ元気なうちに、面倒がる親を上手に説得しながら、根気よくモノをより分け、いらないものは処分して、心地よく暮らせる手助けをしていくパターンと、親が施設に入居したり、亡くなった場合に多いのは、片づけはあきらめて、いらない着物や家具などをまとめて売りはらい、ゴミを大量に出すパターン。また、それさえ面倒になって、家の解体と同時に一気に処分してしまうパターンもけっこうあると聞く。

友人のご両親は、家の荷物を置くためだけに２ＤＫのマンションを借りていたが、二人が介護施設に入居した後、まずそこから整理を始めたそうだ。海外旅行が好きだった二人は、その土地土地の人形や置物、皿などを集めていて、それだけで段ボールに八箱もあり、食器や小物を収納・陳列したりする小さな家具なども好きで、とにかく荷物はすごかったそうだ。

「両親は整理しようとか、そういうことはまったく考えていなかった。もったいないから捨てない、でもないのよ。こんなに珍しくていいものを、私たちが選んだ素敵な品を、子供たちに残しておいてあげようと張り切っていたから」

彼女の言葉は、ちょっとした発見だった。

今の時代は、(家の中にある多くの)「モノはゴミである」という解釈が幅を利かせている。だから捨てるし、整理しなければならないし、多くを持つのは賢いとはいえない、となる。

一方で、毎朝配達される新聞には、「ブランド品や時計や貴金属や古いお酒など、不要なものを高く買い取ります!」というチラシが何枚も挟まっている。不動産やスーパーの安売りチラシより多いくらいだ。

まるで、モノには、高く売れるものと、ゴミとなるもの、どちらかしかないような感じである。

しかし彼女の話は、「モノには持つ人の思いが込められている」ということを気付かせてくれたように思う。

私は、婦人雑誌を参照して母と一緒に製作した小物入れ(プラスティックの大きな丸い容器に綿をかぶせツイード地で覆ったもの。側面にフランス刺繍《ししゅう》を施している)を今でもとても大切にしている。

また数年前、子供がいない伯母の家の遺品整理をした際、そこで発見したモノを見て、自分との共通点を見出《みいだ》したこともあった。

「○○おばさんはこんなものが好きだったのか。もっといろんな話をしておけばよかった……」亡くなってから、そんな発見をしても仕方がないと言われればそれまでだが、それでも、伯母を身近に感じるきっかけになったことは間違いない。

整理の本には、「思い出はあなたの頭の中にありますし、何ならモノを写真で残して、あとは処分するのがいいでしょう」などと書いてあるが、写真など撮っても意味はあるのだろうか。モノをそのときの情景ごと写真に残せれば素晴らしい（例えば、母がエプロンをしてゼリー型にゼリーを移しているシーンや、それを子供時代の私たちが興味津々見ている様子）が、モノだけ写真に撮ったって、思い出が蘇《よみがえ》るとも思えない。

手触りや今のものと比べての大きさ、色合いなど、やはりモノ本体があってこそのことではないだろうか。

モノが好きというDNAは私に引き継がれた

さて、困ったことに、私にも「捨てないでとっておきたい。いつかは使いたい」という親のＤＮＡが引き継がれている。当然、モノはすごくたくさんある方だ。そして、それを整理するのは自分である。

私には子供がいないが、たとえ子供がいたとしても、「自分の家の整理をするのは自分たち」という責任感の強い、賢明なる考え方が私たち定年女子世代にはあって、「子供たちに任せればいいわ」という人はほとんどいないと思う。それが、私たち世代と昭和の親世代との違いと言えるかもしれない。

さて、私の家にあるモノだが——。

「いつか使えるかも」「いや、使ってやろう！」そう思っている。

私は、樹木希林《ききき りん》さんの「自分もモノも最後まで使いきる！」という言葉が大好きだ。

私の部屋の小箪笥《こだんす》の中に、レター関係の引き出しが二つある。若いころからゆるく集めてきた美しいカードや美術館で買った絵葉書、きれいな和紙の便箋等々が入っている。今はメールやＳＮＳの時代だが、できれば、死ぬまでに、このカードや葉書や便箋を使いきって、いろいろな人にお手紙を出したい、そう思っている。

でも、昨年夏、暑中見舞い葉書を出したのはたった一人、手紙を書いたのは数人で、このペースだと到底消化しきれないのは間違いなく……。

ただ、不思議なのだが、こういう発想でいると、健康で長生きしなければという単純・前向きの姿勢につながる。

あの服も袖を通せないままに終わってしまう。この着物もしつけがついたまま着られないかも。この食器も使えるかしら？　この本たちも読み終えることができないのではないか？

そしてそれは、「絶対イヤだ。そんな楽しいことをしないで死んでたまるか」という、いわば、生きる上での一つの目標につながってくるのだ。その点だけはいいかな、と思う。

話を戻すと、実家の片づけは、もう楽しんでやる心意気でやった方がいいと思う。

しばし思い出にも浸れる。自分の家を整理するときの予行練習にもなる。昭和の気分を追体験できる。そして、お笑いネタの一つや二つは簡単に見つかると思うから。

整理嫌いができるのは、一日一片づけ

「断捨離《だんしゃり》は最初が肝心」と、その道のプロは言う。

最初思い切ってバサッと捨てることができると、生活がとてもシンプルになって、「なんてすっきりしたの！　きれいになったわ！」と実感・納得するらしい。

しかも、それだけでなく、「これでいいじゃないの、もうモノは必要ないじゃないの」という気持ちに切り替わるのだそうだ。

部屋が片付く以上に、発想の転換がなされるようなのである。

ところが、少しずつ片付けていると、やっていることは、より分け作業にならざるを得ない。

「これはとっておこう」「これはもういらないかな」、そして、捨てようかとっておこうか迷っている「グレーゾーンのもの」などに分けていく作業が延々と続く。

グレーゾーンの段ボールがどんどん溜《た》まっていく。

結局、発想の転換はないわけだから、少しきれいに片付いたところで、時間がたつと、同じようにまた、モノが溜まっていくとのことだ。

とはいえ、私はモノが捨てられない方なので、少しずつやるしかない。

それに、「もうモノは必要ないじゃないの」というふうに、物欲そのものがなくなっちゃったら淋しいとも思う。

さて、整理嫌いが何とかできそうなのは、「一日一片づけ」ということだそうである。

コロナ禍になって一年目、時間があったので、私はその、一日一片づけ、あるいは一掃除を粛々とやっていった。

今日はこの部屋のレースのカーテンの洗濯、次の日は、筆記用具を全部出して書けなくなったボールペンを捨てる、などとあまりに細部に目を向けすぎたので、きれいになった実感はほとんどわかなかった。全体として、片付いたんだかどうだか？？　という感じである。

でも、考えてみれば、お買い物が大好きな私は、しょうゆ用小皿一枚に至るまで、いいと思って納得して買って、少しずつ生活を作っていったわけなのである。

そう簡単に捨てられないし、捨てるくらいなら寄付したいし、そうだ、使いきればいいんだ、と考え方を変えたのは前述のとおりである。

親が高齢化し、介護が重くのしかかってくる

介護を担うと言っても、一口では語れないほど、広がりを持っている。

それは、恋愛に少し似ていると思う。恋をし始めのころは、嬉しくて、刺激的で、信じられないくらいのパワーがみなぎっているのに、その恋が終わるころには、苦しかったり、相手に不信感を持ったり、しがみついたり、絶望の淵《ふち》に落とされたり……。

親の介護は、50代の半ばごろから始まることが多い。50代半ばで、80代の親をみるというケースだ。

しかし、その年齢だと、介護は介護でも、恋の始まりと同じ、楽しさも親孝行気分も味わえる幸せ介護だと思う。

親の衰え方にもよるけれど、その年齢の親とは、時には一緒に旅行したり、買い物をしたり、食事に行ったりできるからである。

私も、父が亡くなり母が80代の前半、軽い認知症は始まっていたが、妹と三人で近くのフランス料理店にランチを食べに行ったりできた。一人暮らしの母のた

めに訪問介護のヘルパーさんが作ってくれる毎日の料理は薄味の和食。肉よりは魚、野菜の煮物などが多かったが、たまには気分を変えようと連れ出すと、すごく嬉しそうで、バターをたっぷり塗ったフランスパンを食べること食べること……。

母の通っていたデイサービスの人から、母の様子を楽しく聞いたりしたのものころだ。

数年後、施設に入居してからも、一年目のお正月だけは、ホテルに泊まって二人で迎えたりできた。

ところが、私たちが60代の半ばに差し掛かると、親は90歳前後になると思うが、介護は、まったく異なるフェーズに入ってくる。それは恋の終わりの段階、に近いかもしれない。

私は母が86歳のときに「もう一人暮らしは難しい」と判断して施設に入居してもらったので、さほど大変な思いはしなかった。

しいていえば、まだ自宅にいたころ、補聴器をなくしたと大騒ぎになり、何時間も探したこと（何度かあった）。節電意識の強い母が、熱中症予防のためタイマーセットしているエアコンのコンセントを椅子に乗っては抜いてしまうため、家中のエアコン用のコンセントをエアコンの下部や横から上の方に、見えないように設置し直したこと。そして、三日分の薬を一日で飲んでしまったのを知り、焦ってかかりつけ医に相談したことくらいだろうか。

90歳前後になる親を自宅で介護している人は、じわじわと負担が増してくる。日々戦いという感じに近くなってくるのだ。

ヘルパーさんや訪問看護師さんに助けられながらなんとか日々の介護をこなしていた人も、ケアマネージャーから「これからはもっと大変になるから、施設入居を考えたらどうですか」などとすすめられたりする。親がすんなりそれを受け入れてくれればいいのだが、「私は何が何でもこの家で死にたい」などと施設に入ることに強硬に抵抗したりすると……。

わめき散らす不機嫌な親をなだめながら、何とかご飯を食べてもらったり、汗だくになって、お風呂やトイレの介助をしたり、という心理的にも辛く、体力的にもきつい介護がずっと続いていく。

周りを見ていると、ひとりでは何もできなくなった親を介護するため、何から何までやらなくてはならない定年女子のなんと多いことか。介護のために自分の時間なんてほとんどない、という人がたくさんいる。毎日のようにヘルパーさんに助けてもらい、デイサービスやショートステイを利用したとしても、介護はそれだけでは済まない。

　ここで詳しくは書けないが、本当に頭が下がるほど、親の介護にエネルギーを使って頑張っているのだ。

　とはいえ、その人たちが不幸そうかというとそうではなく、疲れ切ってはいるけれど、やりがいをもって頑張ってやっている印象もある。

　65歳の友人は一人で90歳のお母さんの介護をしているが、毎日、お風呂に入れるのが大変で、着替えに抵抗されて三〇分もかかってしまう。でも、「大好きなお風呂に入れてあげて、幸せそうな顔をしている母を見ると嬉しい」と言う。

　私は、両親の介護でそんな達成感は味わえなかった。介護施設に入居させたからだ。それは適切な判断だったとは思うけれど、親の幸せに寄り添ったものだったかどうかはわからない。

　親の介護を自分がすることは本当に大変で責任重大だけれど、やり遂げた感があるのだと思う。

2　子供には頼られてしまう定年女子

子供や孫の世話まで担うようになる

60代から70くらいまでの忙しい時間を、子供や孫の世話に使っている人を見ると、私は少し羨ましくなる。

体力的にもきついと思うし、持ち出しも多く、休まる時間がないという悩みはあるものの、自分の身内に必要とされている、孫の成長を見られる――なんて素晴らしいことだろうか。

彼女たちは「自分の時間がないのよ」と言うかもしれないけれど、私が実感として思うのは、自分の時間だけ無限にあっても、人が言うほど有意義になんて使えないということだ。

仙台に住んでいる私の友人は、一〇年ほど前のことだが、二か月に一度は東京の実家に一週間ほど泊まって両親と過ごしながら、昼食が済むと、会社に行っている娘二人住まいのマンションに出かけていき、近所で買い物をして夕飯を用意する、という生活を続けていた。娘たちは、お母さんが来ているときには、家に帰ると美味しいご飯が用意されているから早く帰ってきた。たまには親子三人が一緒に食事をするときもあった。

「娘たちは30代になって仕事に責任も出てきたみたいだから仕方ないわ」と言いながら、やりがいをもって楽しそうだった。そんな生活は数年続いたが、両親が家を売って介護施設に入居し、また娘の一人が結婚し、自分の方も夫が入院するなどして、それはできなくなってしまったという。

地方に住む人は車の運転ができる人が多いので、孫の、学校や塾、習い事の送り迎えが日課になっている人も多いと聞く。

大事な60代が、なんとなくだらだら過ぎていったとしたら悔しいけれど、大事な家族のために使えたら、それは意味があるのではないか。

定年女子は、学校を卒業してからずっと仕事をしてきた人が多いので、身体を動かすことには慣れているし、いつも忙しくしていることは普通なんだと思う。だから、案外苦にならないで続けられるのかもしれない。

独身の定年女子が増えていく

定年女子を取り巻く特殊事情については、その人が生きた時代から受ける影響が大きい。

本章は、既婚定年女子の場合、ということを前提としてまとめてある。

私たち定年女子第一世代は、高度経済成長の下、終身雇用・年功序列に守られて比較的経済的に安定していた親世代がおり、日本は豊かな中流社会を形成していて、女性の生き方としては、既婚率が高く、仕事をしていても普通に結婚して子供をもって、という人がまだ多かった。

今70歳の定年女子が40代後半のときの、二〇〇〇年の女性の生涯未婚率（50歳時未婚率）は5・8％である。

しかし、その後どんどこの比率が高まっていき、それは統計数字にも表れている。

二〇二〇年の国勢調査によると、女性の生涯未婚率は16・4％に上昇し、正規雇用者に限って言えば、その比率は24・8％にも上る。そして、この数字には、離婚後シングルでいる人は含まれていないのである。

この離婚後シングルという女性も含めると、感覚的には、今50歳前後の女性の五人に一人がシングルである、と言えそうであるが、実は、都会ではその比率はもっと高くなっているようだ。ちなみに、東京都の女性の生涯未婚率は20・1％、つまり、50歳前後の女性の五人に一人以上が独身だということである。

今後しばらくは、この生涯未婚率は高まりそうである。

また、同じシングルでも正規雇用者か非正規雇用者かで経済格差は広がっていて、一律には語れなくなっている。特に非正規雇用の、子供がいるシングルマザーの経済的困窮問題は深刻で、今後、きちんとした支援の在り方が検討されるべきだと考える。

一方で、恵まれていると言われる正規雇用者の立場にあっても、シングル女性がキャリア途中で大病をしたとき、何らかの事情でやむなく退職したときの生活の不安など、経済的・精神的な問題は今後ますます大きくなっていくだろう。

また、逆に、シングルのままずっと企業などで正社員として働いて定年・再雇用を終えた場合、仮に介護を担う必要がないとすると、経済的な心配はないにしても、生活の柱を失ったような、「こんな毎日を送っていていいのか」的な気持ちにとらわれることもあるかもしれない。

自由はあるし、家と老後資金はあるし、友達はいるから最高！　と簡単に言えるだろうか。

雇用に関しては数年先にはおそらく「65歳定年、70歳まで再雇用」という流れはかなり定着し、将来的には、それがさらに五年延長されるようになるかもしれない。

となると、50代、60代の転職が割と普通になり、高齢者前期の定年女子は仕事に忙しく、今のように、実家の片づけや親の介護などの時間は取りにくくなるかもしれない。

第3章

コロナと定年女子

二〇二〇年初春、考えてもみなかったコロナ禍が始まり、社会は大きく変わった。

その一つが、世間の高齢者に対する考え方だと思う。はっきり言えば、高齢者と、それより若い世代との間にしっかり線が引かれるようになっていった。テレビでは本当に毎日、毎日、高齢者という言葉を耳にするようになった。

ワクチン接種は高齢者から、の「高齢者」は65歳以上である。

私はその高齢者に該当した。

不要不急の外出は控えるように、特に、高齢者はコロナで重症化・死亡する確率が高いのだから……。それまであれほど「アクティブ・シニア」と持ち上げていたのに、コロナ期、そんな言葉はほとんど聞かれなくなっていた。

もちろんそれらの警告が、高齢者が感染した際の様々なリスクを心配してのことだということは理解できる。しかし、だからと言って、高齢者はただただ用心深く家に引きこもっていなくちゃならないのか？

そんなわけにはいかなかった。

二年目くらいから、それぞれが自分なりの方法で、もぞもぞ動きだしていたように感じる。

第1章でご紹介した、二拠点生活やソロ活の定年女子たちのように、「私」のやりたいことや快適さを求め、コロナ禍に合わせながら、自分のライフスタイルに修正を加えていっている人は多い。

また、コロナ禍だからこそ、身近なことに目を向けて、気付いたこと、得たものがたくさんあったのも事実である。

本章では、コロナ禍で世の中がどう変わったか、それに定年女子がどう対処したか、についてまとめてみたい。

1　コロナでわかったこと

「ずっとこのままでいいかな」と思ったとしても

少しだけ、二〇二二年春くらいに時計の針を戻して……。

コロナ生活が始まって二年後、当初の恐怖が消え、マスク、アルコール消毒、スーパーは週二回という生活に慣れてくると、不思議なもので「コロナ以前の生活って、具体的にどんなだったっけ？」と思うことすら出てきた。

たった二年くらい前のことなのに、自分の過去は記憶の彼方《かなた》へと遠ざかってしまっている感じだろうか。私もコロナ前は、年に三〜四回定期的に香港《ホンコン》に行き、飛行機が空港に着いたとたん、今回はこれをしてあれをして、と走り回っていたのに、そんな香港での楽しいアレコレを、はるか昔の非現実的な世界のように感じてしまっていた。

私が特に「これはマズいかも」と危機感を覚えたのは、この異常な生活に慣れてしまい、「別にずっとこのままでもかまわないのかもしれない」「いや、むしろこのままの方が落ち着いていていいのかな」とさえ思ってしまうことだった。

コロナ禍での生活は毎日が同じようなことの繰り返しで、少し退屈ではある。しかし、食べ物や薬や生活関連の物の調達には不便は感じていないし、友人とはLINEや電話で連絡も取れるし、経済的にも、省エネ的にも、そして何より精神的に楽だといえた。

基本、家中心の生活であり、人に会わなくても、「コロナが猛威を振るっている中では……」という立派な理由もあった。だから、変に周囲からよけいな刺激を受けずに心穏やかにいられた。コロナ前の、「あの人はあんなに頑張っているのに、私ったら……」なんて自己嫌悪に陥らずに済むのだから。

私もコロナ一年目、二年目のころは、起きて家中の窓を開けて換気をし、朝食をとったのち家事や仕事、昼は買い物がてら近所にランチに出かける（コロナが始まって最初の半年間は、外食は全くしなかった）くらいで、定期的な外出は、ピラティスのレッスンと近所でやっている着物の着付けの会くらいだった。行動半径が、基本的に近所中心で回っていたが、毎日が規則正しく安定しており、また新鮮でもあった。

コロナ前の世の中の状況を思い起こすと、シニアであっても、活動的で前向きなことが素晴らしいとされていたが、コロナになって、そんな考え方は影を潜め、ある意味後退しているともいえたのだが、それはそれで安心感があったわけだ。

当時64歳になる定年女子に言わせると、

「ずっとこのままでいいか、って、そういう人、すごく多いんじゃないですか？私たちはほら、リタイア世代なんだし、コロナ前と後の生活は、現役の人たちほどには変わりないじゃないですか。このままのこぢんまりとした毎日を送っていても、誰にも文句は言われない」

私は、ずっとコロナ禍の状態のままいけばいい、という考えには違和感があったが、しかしながら、今後、コロナがあけたとして、「あまりに変わってしまった世の中についていくことはしんどそうだな」とは感じていた。

また、このままの生活を続けていくにしても、私たちを取り巻く環境について、大変気になることが出てきた。

大変な物価高の中、年金だけでやっていけるのか

それは、物価の上昇である。

二〇二一年あたりから、電気代など光熱費の値上げが始まり、また、ここ何十年も超低水準で安定していた物価も階段を上がるように上昇し始め、その流れは加速しそう（二四年初春も物価上昇は止まっていない）な勢いだ。

事実、「スーパーで一度に支払う金額が一〇〇〇円くらい増えた感じだ」と多くの人が言う。私がよく買う個々の商品の値段も、平均して一〇〇〜二〇〇円くらいは高くなっている気がする。

超円安もあるが、世界的にも物価の上昇は続いているようで、海外旅行に行った人から、「ニューヨークではラーメン一杯が三〇〇〇円！」とか、その手の話がガンガン聞こえてくる。私も、二三年六月のはじめに香港に行ったが、某ホテルのレストランの飲茶《ヤムチャ》が、シュウマイ一つ一〇〇〇円くらいして驚いた。日本は物価の面でも三〇年くらいガラパゴス化していたのだろうか。

ということで――。

この先、年金だけでやっていけるかどうか、心配になる人は増えたと思う。また、コロナに対する人々の危機感もうすれ、コロナが5類感染症へ移行するなど政策が変わる中、コロナ不景気は終わりを告げ、また人手不足が戻ってきているようだ。

ならば、高齢者も仕事を探して、少しでも長く、細くてもいいから、収入を得る道を選ぶべきだ、ということも言われ始めている（定年女子の仕事については、次の章で取り上げる）。

とはいえ、生活必需品以外の支出の方も減っているのだ。コロナ前のように頻繁に出歩くことも減り、〇〇ランチ会などという余分な出費がなくなり、何かに誘われても、「やっぱりコロナがね、高齢者なんだし、おとなしくしているわ……」ということが言い訳にもなっていた。

支出を抑えていければ、新たな収入はなくても、物価上昇に耐えられるのか？

小さくなった生活を、毎日少しずつ快適に整え直し、不用品はメルカリなどで売って、徹底的に無駄を省いて、自分なりのメリハリをつけた倹約生活を続けるとすれば、それはそれでなんとかなるかもしれない。

ただ私個人としては、そういうこぢんまりとした生活は、80歳を何年か過ぎてからに取っておきたいと考えている。

何故って、まだ体力がある。好奇心もある。経験してみたいこともある。そして動ける。

いつかまた、第二のコロナ感染症のような、思いもよらない何かがおこって、突然、身動きが取れなくなってしまうことだってありうるわけだから。

私にとって、コロナが教えてくれた一番大きなことはこれだった。

「ある日突然、まったく予想だにしなかったことがおきることもある！」ということだ。

感染症だけではない。自然災害然《しか》り、自分の病気然り、である。

だから――。

今、やりたいことがあれば、今、やるしかないのである。

コロナを振り返り、新しい生活を始めたい

コロナ禍の生活は、家中心の生活だった。

遠出を控えて、徒歩圏内で日常を賄う生活だった。

友人と過ごさない、家族だけの生活だった。

それはそれで、学ぶところは大きかった。

家にいる時間を大事にし、料理なども以前よりは丁寧にして、ＩＴの知識はほんの少しだけ身についていて、こんな静かで安定した生活も悪くないと思った人も多かっただろう。

私はコロナ一年目の時、「このご近所中心の生活は、まるで昭和の母の生活そのものじゃないか」と気が付き、懐かしささえ覚えた。午前中に掃除と洗濯をして、お茶を飲みながらゆっくり新聞を読み、夕方に近所に買い物に出て、たまには子供たちのためにお菓子まで作り、姉妹と長電話し、夜はテレビを観て過ごす。

母はそんな生活に不満を感じるでもなく、毎日が安定していたように見えた。

けれども、その静かな生活も終わり、世の中的にはまた、外に出る生活に戻りつつあるように感じる。

前述のように、私たち定年女子の中には、「このコロナ禍の生活って、老後の予行練習みたいでいいと思わない？」と言う人もけっこう多かった。

街は静かだし、人は少ないし、電車も混んでいないし、空気もきれいで、暮らしやすいというのである。

でも、私は、たとえ大変だろうと、コロナがあけたら新しい一歩を踏み出さなければと思っていた。

家の中の生活は、ある程度までは時間など、自分でコントロールできる。

しかし、外に出ると、人に都合を合わせたり、仕事の予定を家庭より優先させたりする。コロナで家中心の生活に慣れてしまうと、そういうことが面倒になるし、そこまで無理をしなくともこの暮らしは気楽でいいんじゃないか、とも思ってしまう。

それで、きちんと自分を律することができる人はいい。が、私は元来怠けものなので、外的刺激、少しの無理が必要だったりする。

そうでないと、家にいて、だらだらしているだけの日常になってしまいがちだからだ。

私的には、少しずつ負荷をかけ始めるときが来たのかもしれない。

ライフを広げるか、ワークをとるか

コロナになって一番の大きな損失は、定年女子世代にとって何より大事な人生の残り時間、それが三年も短くなってしまったことだと思う。

コロナ禍最初の一年間と四年が過ぎた今とでは、コロナに対する恐怖も、情報量も、向き合い方も、社会の状況も違うけれど、それでも、失った三年間は取り戻せない。

20歳の人の三年間と、50歳の人の三年間と、70歳の人の三年間の意味、悔しさは違う。

それぞれが、かけがえのない貴重な三年間だったと思う。

20歳の大学生は、楽しいはずのキャンパスライフがコロナで大方つぶれてしまい、友達とも巡り合えなかったという悔しさだろうし、50歳の人の三年間は、仮に仕事を早期退職して転職する予定だったとすれば、コロナ不景気でその計画が大きく狂ってしまった悔しさだと思う。

そして、70歳の三年間は、大事な老後前の時間が減らされてしまったことへの悔しさだ。

身体が健康なうち、比較的いろいろ動き回れるうち、という健康寿命は、コロナ期間分、先へ延ばしたりはできないのである。

とはいえ、時間的ロスだけなら、後半ダッシュすれば、何とかなるかもしれない。

しかし、大きいと思うのは、その時間のロスとともに、私たちの生きていく価値観までもが、変わってしまいそうになっていることだと思う。

コロナ前、定年後も絶対仕事を続けようと考えていた定年女子、そして実際、仕事を探し、新しい仕事をし始めた定年女子にとって、毎日は甘いものではなかったと思う。

探しても探しても仕事が決まらずに落ち込むとか、新しい職場で若い人に囲まれ、必要な技能を身につけようと必死になるけれど覚えが悪いことを自覚するとか、自分なりに頑張ってもなかなか認めてもらえないとか、そんなもろもろの「思い通りにならない」状態があったのではないか。

それがコロナ後には、家でストレスをためずに心地よく過ごすことに人生の、毎日の主眼が置かれたのである。

もちろん、心地よくといっても、ただ漫然と過ごすわけではない。コロナにならないように万全の注意を払いながら、散歩や運動、定期的な健康診断、栄養バランスを配慮した食事、などの健康維持的なことはしたうえで、ではあるが。

そして、コロナ予防のためには、ストレスをためず（免疫力が下がるから）、素の自分でいられる生活を送る（仕事とそれにまつわる人間関係は大きなストレスの一つである）のが一番となったのである。

だから、「仕事はもうやらなくてもいいかな」「そう、やらなくていいわよ」という人生の方向転換が、思いもかけなかった外的要因によってなされたのだと思う。

また、コロナ禍の三年間は、「仕事よりは家での生活」というふうに世の中の流れが変わっていったことも大きい。芸能人のSNSにも、プライベートのおしゃれ、スーパーで買った食材、おうちごはんなどのテーマがずらずら並んだ。

それらに異論を唱える気持ちはない。が、私のどこかに、それでは済まないのではないかという何かがくすぶっている。

それはともかく、「定年女子、今は仕事か生活か？」と問われれば、仕事は先が見通せないのに対して、今は目の前の生活を快適に整える時期だ、ライフだ！ということになるのだろうか？

2 コロナで世の中変わってしまったけれど

たっぷり時間ができた

コロナ期、講義を持っていた大学で、学生に「コロナになって生活がどう変わったか？」と聞くと、「キャンパスライフがなくなって悲しい」という学生とともに、「満員電車に乗って大学に通わなくてもよくなったのは嬉しい」と答える学生が多いのには驚いた。思いもかけなかった時間ができ、その分、アルバイトをしてお金を稼げる、というのだ。

リモートワークの一番のメリットは、家で、プライベートの用事をこなしたりしながら、仕事ができることだろう。自分のペースで、仕事に集中するときには集中し、別の日は、仕事を早めに切り上げて、料理をまとめて作ったり、洗濯したり、気になっていることを片付けたり、がリモートだとできる。

コロナになって、「近くに住む親を訪問する時間がとりやすくなりました。会議なども実家からズームで参加しています」というように、思いがけない介護の時間がとれたという定年女子もいた。

また、会社に行くとしても、仕事帰りの付き合い飲み会も減り、電車も空いていて、往復の通勤が楽になったという話はずいぶん聞いた。

私もコロナ禍の最初の半年は、友達と、「マスクやアルコール消毒液がどこで買える？」という情報交換とともに、「○○さん、ずっと家にいて今、何をやっているの？」というやり取りをさかんにしていた。彼女が毎日通っていたはずのスポーツクラブなども閉鎖されてしまったため、どうやって時間を使っているだろうと思ったのだ。

「余り布で座布団カバーを縫っている」とか「台所のシンク下を掃除した」とか「餃子《ギョーザ》を八〇個作って冷凍した」とか、皆、戸惑いつつも、ガアーッと家事を楽しんでいる感じもした。

ちなみに私は、やりたかった着物関係のリフォームをしたりした。また、70過ぎたら読むと決めていた池波正太郎《いけなみしょうたろう》の剣客商売と鬼平《おにへい》犯科帳のシリーズを番外編も含め、夜寝る前の一時間の楽しみとして、すべて読んだ。その他、読もうと思って読めなかった世界の名作全集などにも次々挑戦していった。

その読書の時間は本当に楽しみで、コロナがもたらしてくれた至福の時間となった。

洋服のサイズが大きくなった

感じとしては、服が身体にフィットしていた時代の昔のユニクロのXLのTシャツより、今のSサイズのTシャツの方が大きい。

この傾向は、もちろんユニクロに限ったことではなく、コロナ前から始まっていたのだが、幅は広く、丈は長くなっている。

これは、オーバーサイズの服がブームだからだということに加え、コロナで、ネットで買い物をする人が増えて、試着しなくてもいい大きめのサイズに人気が集まるとか、そんな売る側の理由もあるように思う。大きく作っていれば、返品は少ないだろう。

　売る側の事情についていえば、あらゆるアイテムが肥大化している今でも、原材料費が高いカシミアのニットなどはさほど大きくないし、パンツの丈は短めだ(面倒な丈直しの手間が省ける)。

　だから、私はユニクロで、カシミアのセーターはXLを買い、TシャツはMを買い、パンツはLサイズを買っている。

　シーズンが変わり、洋服のサイズがまた、元のように身体にフィットする感じになるかどうかはわからない。

　でも、それに合わせて緩んでしまった体型とか、日常などは元に戻したい気がする。

デジタル化で世代交代が進み、取り残されてしまった?

　コロナが始まって、何が変わったかといえば、IT化の進展だと思う。

　コロナが日本で強く意識されたのは二〇二〇年の二月下旬くらいからだろうか。

ニュースはやがて、コロナ一色になった。

教育現場においては、学生たちは三月の卒業式が取りやめになり、入学式も中止、大学の新入生向けのオリエンテーションもなくなった。

私はある大学で長年一つの講義を持っていたが、もうすぐ春夏期の講義が始まるというギリギリのタイミングで、「二〇二〇年前期はオンライン授業を実施する」旨の通知が届いた。

資料がどさっと送られてきて、先生たちは各自が、超短期間でオンライン授業の準備をしなければならなくなり、その方面に疎い私は、「えっ、そんな急に言われても……」とおろおろするばかりだった。

また、多くの職場がリモートワークを取り入れ、それはコロナ二年目、三年目を経て静かに定着していくことになった。

私は初めてのオンライン授業を何とか乗り切った（翌年からは対面授業）が、その後は、仕事の会議でズームに参加するとか、そのくらいのことしかできないで、ほとんど何も学ぶことなく今日に至っている。

本当にここ数年のデジタル化の進展は、すさまじかった。

とはいっても、日本は世界各国に比べれば、ずいぶん遅れを取っているようだが、デジタルが不得意な人間にしてみれば、どうしたらいいか迷い、わからないことだらけである。

そして、このことが、図らずも、定年女子を仕事から遠ざけてしまったように感じる。

私たちは、子供のころからリモコンやゲームやケータイが当たり前として育った20〜40代とは、思考方法やデジタルへの抵抗感が全く異なるのだ。しかも、リモートワークで自宅で仕事をするようになると、連絡もすべてオンライン上であり、個人個人が会社と契約して働いている感じになり、急速に組織や仕事仲間から切り離されてしまった。

ある定年女子いわく、

「コロナ前は、何かわからなくても、後ろに座っている後輩に『ここはどうやるの？』と聞けば、すぐに教えてもらえたのに、ネットで聞くのはさすがにできないですよね」

今の時代は、仕事を先輩から学ぶ、ということが本当に少なくなった。コロナ前はまだどうにか、「ここはこうやるのよ、これを準備した方がいい」的な先輩から後輩への知識の伝達があったと思う。先輩の出る幕はかすかには存在していたのである。

しかし今は、長年の仕事の経験や知識が役に立たないどころか、仕事の一つ一つがまったく新しいフェーズに入ってしまったようで、それには、ＩＴの知識が必須で、ＩＴを使いこなせなければどうにもならない状態になってしまった。

それに呼応してか、仕事の場では、世代交代が一気に進んだ印象が強い。

世の中の主流を占めているのは、仕事にしろ、消費にしろ、ＩＴを自在に使いこなせる20代から40代になってしまった。企業では40代の会社役員が当たり前のように誕生し、テレビを観ても、いつの間にか、画面に映っている面々が大きく世代交代した。

とはいえ、定年女子の多くはすでに仕事の第二段階に入っているわけで、この世代交代の問題で一番荒波をかぶってしまったのは、現役最終段階にいる50代の人たちなのかもしれない。定年は延長されても、再雇用は確保されても、自分はもはや仕事の第一線では必要とされていないかもしれない、という淋しさやプライドや葛藤を、60かなり前にして抱えてしまうことになるわけだから。

しかし、そんな時代の中で、しぶとく仕事を探して、自分の居場所を確保し、自分のペースを守って仕事をしている定年女子はいるのである。

いやむしろ、仕事人生の第二段階に入っているからこそ、今、社会的に求められている仕事は何か、その中で自分は何ができるのか、という課題に真摯に向き合っていけるのかもしれない。

次章では、そんな仕事を続ける定年女子を取り上げたい。

第4章

さらに仕事を続ける定年女子

本章は、70歳前後で働いている女性たちにスポットを当てている。

一〇年ほど前に『定年女子　これからの仕事、生活、やりたいこと』を書いたとき、なんとか定年まで頑張って働いてきた女性たちがたくさんいることを世間に知ってもらいたいと思ったが、当時は、そこが仕事をすることの終着点みたいな認識だったと思う。

五年ほど前にそのパート2として『定年女子　60を過ぎて働くということ』を書いたときには、定年後に同じ組織に再雇用などで残って働く人と、その組織を出て自分で新しい仕事を見つけて働いている人の両方を取材させていただいた。

そして今、本書の取材を通して、70歳前後で、仕事をする女性たちがまだまだたくさんいること、しかも、その働き方は思った以上に広がりを持ち、誰もが仕事を楽しんでいることに驚いている。

しかも、その仕事は現役時代とは関係ない、40歳、50歳、60歳を過ぎてから始めた仕事なのである。

1　当たり前のように仕事をする女性たち

79歳、家庭科の先生で頑張る

景山《かげやま》律子《りつこ》さんは79歳で、現役の家庭科の先生である。

立場こそ、時給（最低時給の三倍くらいか）ベースの非常勤だが、70歳を過ぎて得た学校の先生という仕事は、ずっと更新、更新できている。取材したのは三月の春休み期間中だったが、「新年度も更新しました」と話してくれた。

驚いたのは、通勤時間の長さ、というか家から職場までの遠さである。現在、八王子《はちおうじ》と小田原の二つの私立学校の中高の家庭科を受け持っているが、東京都品《しな》川《がわ》区の自宅からどちらも二時間近くかけて通勤しているというのだ。

取材をして発見し、勉強になったのは、家庭科で教えることの範囲の広さだった。

恥ずかしながら、家庭科の授業というと、調理と裁縫くらいしか記憶になかった。「そういえば、赤白ギンガムチェックの生地を買ってフレンチスリーブのブラウスを縫ったかしら、母に手伝ってもらったっけ」。はっきり覚えているのはそれくらいだった。

そんな頼りない認識だったから、即、活を入れられた。

「あなた、家庭科はもっと総合的なものなのよ。まず自分の未来を描く。仕事の話をし、結婚したら子供が生まれるから命の話をする。保育の知識も必要。そしてお金のことよね、経済の問題や住居の問題、親が高齢となると介護の話、亡くなってからの財産分与の話……」

「家庭科は、人生の基本なんですよ。人が生きていくうえで必要になることをすべて教えるの」

「昔、男性はシャツのボタンひとつ付けられなかったでしょう。今は、家庭でできることを男性も一緒に学ぶ、そういう時代なんです」

景山さんのこのキャリアはなんと、60歳から、本格的に始まったと言える。

東京の大学を卒業した景山さんは、教員資格を取り数年間私立の女子高で家庭科の教師をやってみたが、そのときはなんか違うし、もっと広い世の中を見てみたいと思ったという。それで青年海外協力隊に参加したりもしたが、その後は派遣会社に登録して、長いこと、デパートでの婦人服の販売に携わった。小田急《おだきゅう》百貨店、伊勢丹《いせたん》、東急《とうきゅう》百貨店、銀座松坂屋《ぎんざまつざかや》、三越《みつこし》本店、日本橋髙島屋《たかしまや》などで、缶詰ドレス（昔はやっていた）や、のちにはレナウンルックの婦人服の販売を担当したという。ほぼ女性だけの職場だったし、人間関係が一番難しかったそうだ。「目的は少しでも売り上げを伸ばすこと。どうやったらそうできるかをいつも考えていましたね」

その仕事をずっとやり続けて、その間一度結婚し離婚して、60歳になり、普通だったらそこで仕事をやめるところだが景山さんは違った。

60代になって再び、学校の家庭科の先生に戻ったのだ。非常勤で一年契約である。その仕事は、教師専門の派遣会社に登録して見つけたそうだ。

「新聞の求人欄だったかな、そこで、学校の教師専門の派遣会社があるんだな、と発見したんです」

授業は週三日だった。しかも、学校の先生は、長い夏休みがあるから時間が余ってしまった。それで、家政婦協会にも登録して、夏休みや冬休み、土日などは家政婦として働いた。

その派遣された家庭で、「今度アメリカに行くが、ベビーシッターを探しているんだ。景山さん、是非一緒に行ってくれないか」と頼まれて、ベビーシッターとして、アメリカとシンガポールに数年、住むことになる。新しい世界が知りたかった、という。

そして帰国後、なんとまた、家庭科の先生に返り咲いたのである。景山さんは、70代になっていた。

しかも、である。ベビーシッターをやる前に働いていた学校と、もう一つ、別の学校でも教えることになった。

景山さんによると、家庭科の先生はなり手が少なく、探せば仕事があるという。しかも、都心ではなくちょっと郊外の学校になると、通勤に時間がかかるため、やりたいと手をあげる人があまりいないそうだ。繰り返すが、景山さんは、二つの学校の教師の仕事を、なんと70歳過ぎてから始めたのだ。

朝は、三時半に起きる！

そしてお弁当を用意して、簡単な予習をして学校へ行く。場所は八王子と小田原だから、品川区の自宅から片道二時間ぐらいはかかる。それで、どの先生より早く七時半までには学校に着き、そこで朝ご飯のお弁当を広げるそうだ。

昼ご飯は食べない。食べて眠くなったり、おなかが痛くなったりしたら授業に差し障る、という理由でずっとそうしているという。

日にもよるが、夜は、六時ごろには帰宅し、そこから夕食を準備する。

「私、家事や、やらなくちゃいけないことの時間の配分がうまいし、負担に思わないんです。働いているのが性に合っている」

景山さんは、人間が好きで、生徒たちが好きで、硬軟使い分けながら生徒を指導していくのが得意だと思っている。

「生徒に向かって、『漢字を間違ったら教えて。私、おっちょこちょいだからよく間違えるのよ』って言うんですよ」

また、

「あなたたち、礼儀作法だけはきちんとしてよ。しかるべきところでは節度をもって行動してちょうだい」

「自分はどういう人間になりたいか。信頼される人にならないとね」

というような会話が生徒との間で交わされる。

今どきの生徒の趣味嗜好《しこう》なども把握したくて、休日には映画「鬼滅《きめつ》の刃《やいば》」も観に行ったりした。

中高一貫校だから、かつての教え子に廊下で会ったりすると「ばあちゃん、まだ生きてんだ！」と声をかけられたりする。一度クラスがうるさいから怒鳴ったら、生徒から「先生切れてんな」とからかわれたから「こんなもんで切れてると思ったら大間違い。大声出しているだけよ！」と切り返した。

景山さんによると、先生と生徒の関係は、ナアナアになったらダメだそうだ。その間には、ちゃんと一線を引いておく。そして、大事なのは、生徒がどんな気持ちでいるかを考えて対応することと「本当のことを言うことです」という。

家庭科の教科書は、一冊、ほぼ暗記している。教え方も近年変わってきて、iＰａｄなども使うから、その勉強もしなくてはならない。時代についていくことも大事だ。

「先生の仕事は何が面白いですか？」と聞くと、

「自分の思うことを伝えられるのが楽しい。生徒と接触するのが好きですね」

と答えてくれた。溢れるエネルギーと直球勝負の先生だ。

来年は80歳になるが、「このままずっと働き続けたいです」。

65歳を過ぎたら公共の仕事を探す

『定年女子　これからの仕事、生活、やりたいこと』（二〇一五年刊）で、増田《ますだ》薫《かおる》さん（当時60歳、現在68歳、独身）に登場していただいた。

大学卒業当時、憧れの就職ランキング上位に輝いていた大手航空会社に就職、営業や広報など様々な仕事を体験した。が、会社は徐々に経営状態が悪化し、増田さんが50代半ばになったころ、会社更生法の適用を申請、一万五〇〇〇人にも上る早期退職者を募った。

増田さんはそれに応募し、その後は自力で仕事人生を切り開いてきたのである。会社を辞めた後、二級キャリアコンサルティング技能士と産業カウンセラー、ITパスポートなどの資格を取得していったが、ある私立大学の生涯学習センターに再就職が決まった。はじめは契約社員としてスタートしたが、仕事ぶりが認められて一年目に正社員となり、その部門の責任者になった、というところまで、前回では取材させていただいた。

それから八年たっている。

今はどうしているのかしら？　仕事はもうしていないのかな、いや何かしているかも、という興味がわいてきて、再び取材を申し込んだ。

増田さんはまだ仕事を続けておられた。

前回取材させていただいた生涯学習センターの仕事を61歳まで続け定年退職、そこから五年弱は、現役時代と同じ条件で再雇用で働いた。

八年ちょっといたことになるが、最後の数年間は、スタッフ皆が自由に働ける良い組織になったと思っている。

そして今から三年ほど前、その再雇用も終わり、ちょうどコロナが大問題になりだしたころだったが、増田さんは新しい仕事を探さなければならなくなった。

「失業保険の手続きでハローワークに行ったとき、期待せずになんとなく求人票を見ていたら、公務員関連であれば65歳を超えても働けそうな職種があることがわかったんです」

だから、ビジネスの分野ではなく、公の仕事に的を絞って就職活動をしたという。

まず、東京都の公益財団法人でテレワークの助成金関係の仕事を見つけ、ほぼフルタイムで一年間働いた。

さらに半年の延長を打診されたが、抱えていた変形性股関節症が悪化し、手術をしなければならなくなったのと、住んでいるマンションのリノベーションをすることになってその仕事を辞めた。一年間は仕事をしなかった。

しかし、その間にもキャリアコンサルタントの更新講習を受けたり、次のチャンスが来たときの準備は怠らないようにしたという。

翌年、二〇二二年の年が明けると、ハローワークに出向いた。シニアコーナーの担当者にこれからの仕事の相談をしたところ、親切にいろいろ紹介してくれたり、「持っている資格を是非利用しましょう」とアドバイスをくれたりしたそうだ。

その中で、人材派遣会社が請け負っている、東京都のある区の就労支援事業の仕事に就くことができた。

「ひきこもりがちな生活保護受給者の方に、カウンセリングをして状況を伺い、少しでも前向きに就労に近づけるように支援する仕事です」

「事務所まで来れない方には、お宅を訪問することもあります。また、心療内科等のクリニックに行きたいけれど、躊躇《ちゅうちょ》されている方の同行支援をすることもあります」

人材派遣会社の契約社員という立場で区の仕事をしている形になるが、契約は三年間である。この仕事については、キャリアコンサルタントと産業カウンセラーという、かつて取得した二つの資格が役に立った。

「それぞれに事情がありますし、それを踏まえ利用者とじっくり向き合う難しい仕事です。でも、この仕事のいいところは、若ければいいというのではなく、経験がものを言うし、常識が大事だったりするところです」

「彼らに寄り添うのは必要なんですが、抱え込みすぎるのもダメなんですね。その辺は、この68という今の私の年齢がいきているというか」

会社員時代、ある日突然、目の前でパタッと、自分の50代、60代の予定していた道のり、仕事人生へのドアが閉まってしまった。

もし、そのまま定年までいられるような環境だったら、もちろん定年まで働き、定年後は再雇用で残り、そこで自分の仕事人生は終わっていたと思っている。

ところが、そこから自力で何とか仕事を探さなくてはならない状況に置かれてしまった。だから、資格を取って、研修を受けて、仕事を探しまくった。

自分が何をしたいのか、できるのかを訴えていき、隙間みたいな仕事でも、あれば応募を繰り返した。そうやっていくと、何とか仕事が見つかった。

「お互いのニーズがたまたまピタッと合うことはあるんだ」ということがわかったと話す。

仕事はフルタイム、週五日、朝八時半から一七時一五分までである。

今の三年契約だと、70歳までは働ける。その先のことはまだわからない。

「増田さん、今60代後半だと年金もあるでしょうし、経済的には必ずしも働く必要はないんじゃないですか？」と聞くと、

「動けるうちにと思って。私、月一回は旅行しますし、家のリノベーションもしたところですし、かつての仕事仲間や後輩たちと食事もします。自分とは異なる世代の人たちと知り合えたことも、仕事を続けてよかったと思えることの一つですね」

もうひとつ、仕事をするよさは、お金を得ることの他に、生活をきちんとルーティーン化できることだという。体調に気を付けて、いつまでも働ける態勢を整えている。

「この世代で仕事をしている人って実質的に働いている人が多いですよ。この歳になると、見栄で働くことがなくなりますね」

会社員時代の仲間で、同時期に早期退社した友人たちとは今でも頻繁に連絡を取り、励ましあっているそうだ。

次は、その一人、関西在住の田中《たなか》さんの話である。

どうやったらこの先五年間を有意義に過ごせるか

田中奈保子《なほこ》さん（67歳、独身）が大手航空会社を辞めたのは54歳のときだった。

「このまま会社に残っても、自分の仕事がどうなるのかわからない。ただ、今なら、次の仕事をするには何とかなる年齢かなとも思い、決断しました」

それまでは、自分の世の中における市場価値について、なんて考えたことはなかった。

まずは実家がある市内のホテルの仕事に就いた。ホテル業界は航空会社とつながりがあると思ったからだったが、土日が忙しく、夜遅くまでの仕事で、そこまで気持ちが入り込めなかった。

その後、大学院の事務局の仕事に変わり、そこで一年働いた。アカデミックな雰囲気を想像したのだが、少ない人数で海外の大学とひたすら英語でやり取りする仕事で、自分の年齢や今後を考えるとちょっと違うかな、と思ったという。

次は、中小企業支援団体の事務所で働いたが、半年間の契約社員だった。自己啓発半分、資格という形が残ることで何かにつながればという気持ち半分から、終業後にキャリアコンサルタントの学校に通いだしたのはこのころである。

そして二〇一三年に、今の公的な職業支援機関で仕事を始めることになったのである。求人が出ているのを見つけ、応募して、面接で決まった。

現在は、大学生の就職支援に携わっている。若い大学生の将来を手助けする仕事である。

また、この仕事を始めてから同じ業界で働くカウンセラーの人たちに感化され、次々、関連資格を取っていった。二級キャリアコンサルティング技能士、産業カウンセラー、大学キャリア・アドバイザー、メンタルヘルス・マネジメントの検定も受けた。その後は、仕事には直接関係はないが、旅行好きでもともと英語と観光に関心があることから、英語通訳観光ガイドの資格にも挑戦したそうだ。

月曜日から土曜日までの中でシフトを組まれるが、週五日勤務である。一日だいたい六時間半働いている。フルタイムに近い状況だ。

ただし、大学生の就職なので、年間を通すと忙しさの波はあるという。

例えば、春先の就活解禁前は自己分析のための書類作成について相談に来る学生が増え、六月ごろは公務員筆記試験に合格した学生が、面接対策で押し寄せてくるなどだ。

さらに、内定までのサポートだけでなく、働き始めた人たちにフォローアップで連絡を入れることもある。相談時の顔ややり取りを思い出しながら、「うまくやっているかどうかしら」とドキドキする瞬間である。

残念ながら、退職してしまった人や転職を考えている人もいたりするが、他方、開口一番「元気でやっています！　仕事も楽しいです」と言ってくれると、ああよかったと安心する。

先日も、就職相談時にはいつも伏し目がちでおとなしく、「果たして職場になじめるだろうか」と気にかけていた女性に連絡したときに、「昼食を一緒に食べる仲間もできました。仕事の相談をする先輩も見つけました」と、その成長が伝わってきてジーンときたそうだ。

「今でも、家に帰ってくるとホッとします。でも、この仕事は人の役に立ててるということで達成感がありますし、若い人の発想にも触れ、毎日が充実していると感じます。学生の就職が決まって喜んでもらえると、本当に嬉しいです」

年齢やキャリアがプラスになる仕事だという。一年契約を更新し続けていって、ちょうど今年で一〇年間働いたことになる。

「若い人の就職支援を通してですが、会社にも職種にも時の勢いのようなものがあるのがわかりますから、この仕事をしていると社会を知ることにもつながるんです。昔より丁寧に日経新聞などを読み、自分でも新しい職種について勉強したりしています。私、知らないことを勉強するのが好きなんですね」

田中さんがこの仕事を始めて一一年目に入った。

仕事を通して社会との接点を持ち、学生の就職の手伝いをする仕事に手ごたえも感じてきたが、60代の半ば過ぎになり、自分の体力や日々の時間のペース配分、近づく親の介護などについても考え始めるようになったという。

「働ける間は働きたい、と以前はシンプルにとらえていました。でも今は、自分の体力も考え合わせながら、仕事も含めて、どうやったらこの先の五年間をより有意義に過ごせるか、思い巡らしているところです」

振り返れば、キャリアの大部分は人と関わる仕事に携わってきたと言える。様々な人の人生に触れることに興味・関心がある。そして、機会があれば、通訳ガイド資格を活かし、外国人観光客をもてなして、楽しい思い出作りのお手伝いもしてみたいと思っているそうだ。

仕事はたくさんのやりたいことの中のひとつ

畠田《はただ》ゆかりさん（67歳、既婚）は、大学を卒業後ずっと勤めていた会社を定年退職し、その後、関連会社で嘱託として三年間勤務し、それを終えてから四年が経過したが、今はなんと、八つのことを並行してこなしている。

習い事、自己学習、ボランティア、そして仕事である。

習い事は、長唄三味線で月一回、師匠に稽古をつけてもらっている。毎年の浴衣会と発表会にも参加したそうだ。

また、混声合唱団に所属していて、畠田さんはアルトを担当しているが、そのためのボイストレーニングに月一回通っている。

俳句もたしなんでいて、月一回の句会に出ている。

さらには、オンラインで月二回、朗読のクラスレッスンを受けており、年に何回か、小さいステージで発表会をやったりしている。だいぶ技術が身についてきたので、のちのちホーム訪問などのボランティア活動に活かせればいいかな、と思っている。

また、娘さんが通っていた小学校のサポーターというボランティアもしており、「行ける日があれば、今日は給食サポーターをし、別の日はお絵かき（図工の）サポーターという感じで、できる範囲でお手伝いをしています」

そして、今かなり力を入れているのが、音訳ボランティアの活動だ。

音訳とは、視覚障害のある人のために、文字を声で読んで訳すことである。本や新聞、雑誌の記事などを読み上げ、ＰＣソフトを使って録音して、利用者にＣＤやデータなどで届けているそうだ。所属しているボランティア団体はとても活発なグループで、自宅での録音作業も含めて忙しく活動しているという。

「これはボランティアを超えて、社会的に責任ある活動ととらえていますし、手ごたえもあります」

そして、お金をいただく仕事としては、着物の着付けの講師をやっている。

月平均三日程度の出勤で報酬も得ているが、ランチをしたり、好きな歌舞伎のチケット代にできればいいと割り切っている。

「好きなことで収入を得ることができるのはありがたいですし、教えることは自分自身も学ぶことが多く、いい経験をさせていただいていると思います。私、今、着物文化をもっと広めたい、着物を学問として学んでみたいという気持ちも強く芽生えてきました！」

お話を伺っていると、とにかく次々、あれもこれも出てくる。和と洋の世界があり、趣味とボランティアの活動があり、そのボランティアが社会活動になり、そして、趣味が高じて行きついた仕事があって、その先もありそうだ。

この歳になると、何かをやっていて別の何かを見つけると、もともとやっていたことをやめたりするのが普通だと思うのだが、畠田さんは同時並行的にきちんとこなしているのである。

メモをとりながら、「えっ、まだやっていることがあるのですか？」と怠惰なわが身に引き比べて、驚いてしまうことしきりだった。

そして、仕事としての着付けは、畠田さんの行っているたくさんの好きなこと、今やるべきこと、社会的に意義あることの中に見事にきれいに組み込まれていて、「そんなに忙しくしているのに、さらに仕事までこなしてなんて大変なんだろう！」とか、そんな感じではなかった。

さて、これからの活動だが、長唄三味線と混声合唱は仕事の現役時代から、俳句と朗読は関連会社に移ってから、と始める時期が少しずつ異なっている。

「現役時代でもなんとか時間を作ってやっていたことが、今につながっているのかと思います」

スケジュールはぎゅっと詰まっていて確かに忙しいのだが、無理している感じはない。

おしゃれだし、ブランド品も大好きだし、この日常を楽しんでいる感じがした。

畠田さんは、前述のように、ずっと一つの会社に勤め、定年後も関連会社で働いてきた。安定した収入と働きやすい仕事環境に守られていた反面、組織の事情が優先し、自分の思うようには動けなかったり、ということもあっただろう。それが、60代半ばにして、思い切りはじけたのかな、と感じた。

これからは、何でもやりたいことをやる！　という自由さがお話からうかがえた。

「会社を辞めたとき、これからは、求められているところがあればやるわ、行くわ、と思ったんです。今は介護や健康上の問題もないので、誘われればほとんどOKです」

そんなに忙しくて家事はどうしているのか、と聞くと「夫がすごく料理が好きで、最近とみに腕も上げ、本格的な料理を作ってくれるんですよ」と微笑《ほほえ》みながら話してくれた。

たくさんのことをしていて、関心がばらばらにならないかと聞いてみた。

「俳句を作ることが、言葉のリズムという意味で音訳のためになっていたり、歌も着付けも身体の体幹を使うことが共通していて、お互いを補強しているんです。だから、なんか、つながりつながりでやっていけてる気がします」

自分が社会の役に立っていることを、素直にありがたいと思っている。やっていることごとで出会う人が違うのも面白い。褒めてもらったり、認めてもらったりすることがモチベーションになっている。

「今まで、歳だからやめておこうと思ったことはないです。それができる間は、面白いと思える間はやりたいと思います」

夫が倒れて土日も休みなく仕事をしていました

横浜市の私鉄の急行が止まる駅から歩いて七、八分のところに、素敵な骨董《こっとう》・リサイクル店がある。

お店では、骨董品や絵画、着物、洋服、ファッション小物、食器、宝石などを扱っていて、実は、私もその店のファンで、もう三〇年以上も通っている。

その店では、八人のスタッフの方々が販売を担当しているが、全員70歳以上である。

皆さんお元気で、話が楽しく、アドバイスも的確で、店に通う目的は、モノを探すこともあるけれど、スタッフの皆さんと話をする、ということも大きい。

その店の一番のベテランかつリーダー格が関千鶴《せきちづる》さん（73歳、既婚）である。

「私は、娘が6歳になったときからずっと働いているんですよ。だから、結婚歴と仕事歴がほぼ同じくらいの長さです。まずは、学習塾の採点付けのアルバイトを十数年やって、それから、会計事務所でずっと働いてきました」

その間、関さんが40代の後半のとき、ご主人が蜘蛛膜下《くもまくか》出血で倒れて、意識不明になってしまった。

「私は会計事務所での仕事をしながら、一日二〇分だけ、面会のためのお休みをもらって病院に通い、主人の手と足をこうやってマッサージし続けたんです」

と言って、私の手をマッサージしてくれた。

ご主人は、関さんの必死のマッサージもあって、幸いなことに意識が戻り、二年くらいで元の状態に近くなった。その二年もの間、いくつか病院が変わり、その中には自宅から遠い病院もあったけれど、すべての病院に通い、マッサージをし、そうしながらも、仕事は続け、同居する義理の母の面倒も見てきた。

ご主人は意識が戻ったとはいえ、仕事に復帰することは無理だったので、関さんは、自分が家計を支えなければならなくなった。

だから会計事務所の仕事が一七時に終わった後、その足で骨董・リサイクル店に行き、一八時から二〇時まで働き、そして土日にはその店でフルで働いた（現在は閉店時間が早まり、週一回定休日がある）。

「私、一年三六五日、ずっと仕事をしていましたよ。主人の分まで一日の休みもなしに働いたの。休むことなんか、できなかったです」

それに加えて、家族の食事の準備も関さんの仕事だった。お料理は得意で、今も、娘さんが手伝ってくれるものの、毎日六人分の食事の用意をしているそうだ。

「私は、主人が倒れた40代後半～50代の一番忙しかったとき、いつも身体が三つくらい欲しいと思ってたんですね。毎日の仕事があるでしょう。会計事務所とこのお店ですね。そして、義理の母の世話、主人の世話、そして、少しあとからは、隣の家に住む主人の兄の世話までしてきました。今は、主人と娘たち、長女と次女、次女の子供二人の六人家族です」

そんな忙しさなのに、いつも溌剌《はつらつ》として、おしゃれで、会話も楽しい。パーマがかかったグレーヘアも素敵だ。

そうしたら、「私は髪の毛のカットも自分でするし、パーマも自分でかけるんです」と言うのには驚いてしまった。

「私、何でも自分でやってみるのが好きなのね。例えば、庭木の剪定《せんてい》なんかもしたりしますよ」と、またそこで驚いた。

関さんは、着物に詳しい。

「お客様にもよくアドバイスするんですよ。例えば、『急にお茶会に出ることになったのよ、関さん、どうしよう』とお客様が店に飛び込んで来たりします。そんなときは、どんなタイプのお茶会なのか、そのお客様はどんな着物や帯をお持ちなのかを聞き、『それだったら、こうしたら、これとこれを足したらいいわよ』などとアドバイスするんです」

そうすると、あとで、「あのときは助かったわ。お茶会はこうこうだったのよ」と、写真を見せながら報告してくれるそうだ。

お店は年に数回、大きな会場での骨董フェアにも出店するが、そのときには販売する品物を選んで梱包《こんぽう》し、その荷物を台車に積んだりする力仕事もある。会場には外国人観光客も多く、スマホの翻訳機能が役立っている。

「外国人のお客様は、長い帯をテーブルセンターにすると買っていかれたりして、面白いですよ」

仕事をしていてよかったことをあえて一つあげるとすれば――。

「人との出会いだと思います。ずっと仕事をし続けてきたおかげで、たくさんの人と知り合い、教えてもらったりすることで、いろんなことに興味を持つきっかけになりましたね。この店で働くようになって三〇年くらい、たくさんの人との出会いと楽しい思い出がいっぱいありますよ」

「この店は今のスタッフで一〇年くらい前から固まったかしらね。スタッフとのコミュニケーションも欠かせないし、お店に出るとなると、服装もきちんとするでしょ。それもいいと思う。私は元気ならば、80歳でも90歳でも働きたいと思っているんです」

自分が必要とされているのが何より嬉しい

山中幸子《やまなかさちこ》さん（73歳、既婚）は関さんが働いているお店のスタッフの一人である。

この仕事を、もう一五年もやっている。実は、40代後半のときに、人から紹介されて面接を受け、少しの間だけ同じ店に勤めたことがある。そのときは、子供の中学受験などが重なり、しばらくやったあと辞めたのだが、オーナーから、「店を拡張するから戻ってきてくれないか」と言われ、再就職した形である。

働き方も、働く内容も、働く仲間も気に入っている。

まず、働くシフトについてだが、固定ではない。毎月決められた日に、翌月の自分の希望を書き入れることができるそうだ。

「例えば、この日は病院で診察を受ける、お友達と久しぶりのランチ、旅行に行く、孫をあずからなければならない、などいろいろありますよね。その予定をもとにカレンダーに×印を入れるんです。この日はシフトから外してほしい、ということです。だから、働く日は月によって異なるんですが、スタッフそれぞれの×印を考え合わせながら、店のオーナーが、翌月のシフトを組んでくれるんですね。もちろん、直前にどうしても外せない急用ができてしまった場合は、別のスタッフに代わってもらうこともあります」

そのようにして、月に平均して一〇日間くらい、一〇時から一八時まで働くことになる。もちろん土日にもシフトは入る。家から電車を乗り換えて四〇分くらいかけて通っているそうだ。

仕事は主に商品の販売だが、それぞれ、スタッフごとの得意分野があるという。

「みんな個性的なんですよ。お店はたくさんの商品を扱っていますが、着物に詳しい人、食器に詳しい人、デジタルに詳しい人、骨董に詳しい人などいろいろいて、私は、整理・整頓の山中さん、と言われているんです」

お店の中は、魅力的なモノ、モノ、モノで溢れかえっているのだが、それが、みんなうまく棚などに収まっていて、すべてをちゃんと見ることができ、ついお買い物がしたくなってしまう。

骨董・リサイクル店というのは総じて、モノが多すぎて、下に置いてあるものは上にあるものをどけないと見ることができない(よって買い物をしない)ということはわりと普通なのだが、この店の素晴らしい陳列は、山中さんの貢献が大きいとみた。

「うちはずっと転勤族でね。五、六回は引っ越ししてきましたが、娘が三人いて、狭い社宅に何とか家族のモノをわかるように収納しなくてはいけなかったんですね。その経験が今、役に立っているんです。例えば、三〇センチの棚の隙間があるとして、そこに何を入れるかをお店の中を見回して選んで、それがきっちり入ったときには達成感を味わえる！」

「家でやってきたことをお店でも活かせる、自分が必要とされている、それが何より嬉しいです」

この店が他と違うのはまず、スタッフの方がお客さんの名前をいつの間にか憶《おぼ》えてくれていることだ。そして、気が付くと、いつもスタッフの方と話をしながら、買い物をしている感じなのである。買ったものについて感想も言ってもらえる。いつの間にか、別のお客さんがそこに入ってきて、客どうしの会話が成立することもよくある。そのトークが楽しいし、スタッフとの微妙な距離感もほどよい感じである。

初めてのお客様には「何かお探しですか？」とさりげなく尋ね、なじみ客には「今日○○○の洋服がたくさん入ってきて、一枚一五○○円ですよ」と言ってみたりもする。

「いつもデパートに行く前にこの店に来て探す、ここで見つからなければ、デパートに行くのよ、という常連さんも多いですよ。お買い物も、会話から生まれてくるんです」

骨董・リサイクル店というと、ハードルが高いと感じる人もいるだろうから、若い人にも中に入って見てもらうために、お店の外に、買いやすい値段の商品を並べたりする。夏には浴衣、秋には手袋など、季節や行事やブームなどを考慮するそうだ。

そういう工夫も、お客様との会話も、好奇心旺盛な自分の性格に合っていると感じている。

どこそこに美味しいものがあると聞けば、多少遠くても行って買ったりするタイプだし、新しい情報に敏感で、気になったら試してみたい方だ。だから、お客様やスタッフとの情報交換も楽しく、それを仕事に活かすこともできる。

不定期だが、オーナーとスタッフとのミーティングがある。そのときには、お客様の要望を伝えることもあるし、自分で提案することもあるという。

「お友達に働いていることを話すと、70過ぎても仕事があること自体が珍しいらしく、羨ましがられます。山中さん、イキイキしているじゃない、と言われたりもするんです」

仕事のある日は、優先順位を考えながら、一日の時間配分をするようになっている。その方がかえって効率よく、家の仕事もはかどる気がするそうだ。

介護の仕事は思ったより範囲が広いです

三田淳子《みたじゅんこ》さん（61歳、独身）は、フリーランスのイラストレーターとして女性雑誌などを中心に活躍していた。しかし、出版業界はここ一〇年くらいでウェブ主体の方向に舵《かじ》を切り、雑誌はジリジリと部数を減らす状況が続いていた。

そして、今から三年半前、ちょうどコロナ禍が始まったころ、三田さんが二〇年以上もずっとそこを自分の仕事の柱としていた雑誌の休刊が決まったのだった。収入は減ってしまったし、人とも会わなくなり、孤独感も募ってこの先どうしようかと悩んだ。

社会とつながりたいと思い、とりあえず飯田橋《いいだばし》にある東京しごとセンターに通ってあれこれ情報収集していた、そのときのことである。

たまたま介護の初任者研修があり、無料で受けられることを知って、受けてみることにした。

「私は都心のマンションで一人暮らしをしているのですが、自由業だから、昼間散歩中に、近所のお宅に訪問介護の人が来たりするのをよく見ていたんです。自分も遠い将来、お世話になるかもしれないから、介護のことをわかっておいた方がいいかな、と思ったのと、介護の現場を知りたかったこともありますね」

ということで、研修を受け、介護初任者資格（旧ヘルパー二級）を取ったが、その流れで、自宅近くの事務所に登録して仕事を始めることになった。

「『ぜひ、ぜひお願いします』と言われ、『じゃあ、どこまでできるかわかりませんが……』という感じでした」

週に二日、訪問介護のヘルパーとして働くことになったのである。

条件は、自転車で通えるところ、それと50代後半（当時）の新人の自分にもできそうなこと、ということで、生活援助（時給一三〇〇円、当時）から始めた。買い物をしたり、風呂掃除をしたり、お惣菜を食卓に並べたり、洗濯をしたり、薬の受け取りに行ったり、という仕事だ。

しばらくして、身体介護（オムツを取り替えたり、身体を拭いたりする、時給一三〇〇円＋五〇〇円）も担当するようになった。

「私、自宅で猫を二匹飼っていたことがあるんです。二匹とも最後は弱って、トイレもできなくなって、後始末が大変でした。そんな経験も、もしかしたら、すんなり身体介護に入れたことに役立っているのかもしれないって思います」

給与の他に半年に一度、賞与がほんの少しでる。昇給するし、有給休暇もつくそうだ。

イラストレーターは自宅仕事で、時間もある程度自分でコントロールできた。しかし今は、大雨が降ろうが、強風が吹こうが、カッパを着て自転車にとび乗り、介護サービスを待ってくれている高齢者のところへ向かう。

そんなことが、自分にとって新しい世界だと感じたそうだ。

「何をおいても行かなくてはいけない人、っているんです。責任がありますから。

台風のときなんか大変ですよ。台風手当、出ないし」

お客様の中には楽しみに待っていてくれる人もいれば、会話がある人もほとんどない人も、いろいろだ。中には、誰にでも怒鳴りちらす人もいて、さすがに気落ちするが、そんな人のことは、

「笑い話にするしかないんです。まともに受け止めると消耗してしまうから……」

スタッフ間での情報交換も必要だ。

「〇〇さんはこの頃あまり食欲がないから、食材の買い物の内容を変えてみようとか。普通は、お年寄りがだんだん弱っていく過程を見ていくので、辛いところもあります」

逆に、いつも食欲もりもりで美味しそうに食べてくれて、大きな声で「ありがとうね」などと言われると、すごく嬉しくなる。

お客様の家を出る前に、最後に「もう見落としはないよね」と確認し、「明日の朝、来ても元気でいますように」と祈るような気持ちでその場を後にするそうだ。

さて、訪問介護の現場は、三田さんが見ている限り、60代の人たちが中心で回っている感じがする。70代で働いているのも普通だし、お年寄りの身体の衰えや気持ちの変化をわかってあげられるのはこの年齢だからこそ、とも思える。

一方で、身体がきついのも事実だと強調されていた。

高齢者相手で神経も使うし、介護サービスの時間も三〇分、四五分、六〇分、九〇分などと細かく区切られているため、一日に何か所も回らなければならなかったりする。そして、やることは多岐にわたる。

「ヘルパーの皆さん、最初は気が張っていて頑張るのだけれど、疲れはたまっていくわけです。それで、腰痛がひどくなって、給料はマッサージ代に消えてしまったり、お年寄り宅では栄養バランスを考えてお惣菜を何品も並べているのに、自分は疲れてお弁当ばかりで不健康になったり、ということもあるんですね」

「私もはじめは覚える楽しさもあったし、自分はこんなこともできるのか、という発見もありました。ただ正直、この夏の凄《すさ》まじい猛暑の下、自転車で訪問介護に回るのはすごくこたえました。ずっとこれを続けていって身体がもつだろうか、と思うようになったとき、たまたま、別の介護系の仕事に誘われたんです」

というわけで、今は、週に二日、サービス付き高齢者住宅のフロント業務にも携わるようになった。介護をより広い視野で見られるようになったと話す。

一日最低一回の安否確認、生活支援、緊急対応などが仕事である。入居者全員の顔を覚えて、彼らの好む話題に合わせての会話も必要だ。

時給は一二〇〇円と訪問ヘルパーより安く、一日八時間勤務だが、三田さんは、こちらの仕事にウエイトを移そうかと思案中である。

介護の資格を取ってから、その流れで、休みもなく介護の仕事を始めた。

「仕事だけやっていてどうするんだ、という気持ちも出てきました。一人旅バスツアーなどにも参加してみたいし、それには、自分の時間がある程度持てるようにしなければ、と思うようになったんです」

「介護の仕事」と一口に言うけれど、案外幅広く仕事があり、自分に合ったものを探せるというお話は発見だった。

また、介護の現場は本当に人手不足で、「週に一日だけでも、一軒のお宅だけでもいいからやってほしい」と言われるのが実情だそうだ。

つい先日、家のそばの三田さんが所属するのとは別の介護事業所の壁に「身体介護は時給二三〇〇円！」と張り出されているのを見てびっくりした、という。「二三〇〇円ですよ！　この業界は、日々、動いているな、というのが正直な感想です。体力と気力と目的で、何を選ぶか、選択肢はすごく多いです」

知的に障害を持った子供たちに書道を教えて三〇年

西堀礼子《にしぼりれいこ》さん（69歳、既婚）は、三〇年ほど前から、知的に障害がある人たちに書道を教えている。

彼らが書く字は、写真で紹介できないのが本当に残念なのだが、おおらかで、個性的、大胆で迫力がある字もあれば、繊細で素直な字もあり、どの字も素晴らしい。西堀さんによると、「優しく温かい字を書く子がいると思えば、明るくて元気のいい子は、紙いっぱいにはみ出さんばかりの勢いのある字を書く」のだそうだ。

彼らの作品は、あるアニメ映画では題字と本編のあるシーンに登場し、また別のアニメ映画とのコラボ書道展に出展されたりしている。

西堀さんは、キャビンアテンダントをしたのち結婚で仕事を辞めたが、第二子が幼稚園に入ったタイミングで書道の専門学校に通った。人に教える資格が欲しい、と思ったからだ。資格を取得したタイミングで、近所の子供たち（健常児）に書道を教えるようになり、やがて生徒を大人にも広げた。

その生徒の一人が、障害児の親だったのだが、彼女の紹介で、自宅がある隣の区の「地域訓練会」（障害がある子どもとその家族の会）の書道の講師をすることになったそうだ。

一九九六年、42歳のときである。

とはいえ、そのときには、障害についての知識は何もなかった。はじめは、子供との接し方もわからず、子供たちに筆を持たせることすらできず、落ち込んだという。

それでも、お母さんたちの助けも借りながら、「どうやったらこの子たちに文字を書いてもらえるか」自分なりのやり方を少しずつ生み出していった。

子供たちは、漢字かひらがなか、書ける字も違うし、書ける字数も違う。子供によってやり方を考えていかなくてはならない。また、その子供なりのこだわりがあることも学んだ。

「本当に、根競《こんくら》べでした。縦線が書け、今度はそれを横に書かせるまで何か月もかかったり、真剣に向き合うほどそうなります。あれがダメならこれはどうか！という感じです」

はじめは、興味のあることから書かせたりもする。例えば、食事のメニューを「コロッケ」「からあげ」などと書かせてみたり、駅名を順番に書かせたり。漢字は、少しずつ難しくしていく。例えば、口、日、目、月というふうに。しんにょうは、「一を書いて、数字の3を書いて、横」というふうにバラして教えていく。書けたら褒める。

そうやって、試行錯誤しながら、生徒一人一人に合わせて、覚えて楽しんでもらえる方法を工夫し、やがてそれは、「この子にしか書けない字」へとつながっていったのである。

はじめは筆を持つことどころか、椅子にさえ座れない子もおり、「この子は一生字が書けないと思っていた」親もいたという。その子供が、展覧会に出展できるほど、観る人を圧倒するほどの素晴らしい字を書くようになったのである。

「たまに、障害者にしてはうまいわね、などと言われることがありますが、そうではなくって、障害があるからこそ、その素敵な個性で書ける書なんです」

地域訓練会から始まった書道教室だが、その後、地元で書道サークルを立ち上げ（50歳時）、さらに、地域訓練会は学童期までの会なので、その卒業生と地域で働く障害のある人たちの余暇活動として別のクラスも作った。

ほとんどの生徒が辞めずに続けてくれている。

現在、大人の教室一つと障害児・障害者の教室四つで、生徒数は五〇名ほどだそうだ。

教室は月に一二日開き、一回が二〜三時間くらいかかる。ちなみに教室を休んだことはなく、親を介護していたときも休まず教えていた。

西堀さんが違和感を覚えるのは、「障害がある人たちに書道を教えている」と話すと、

「偉いわねえ！」とボランティアでやっていると思われることだ。

「ボランティアなら、はじめに何もできないことにあれほど落ち込むことはなかったかもしれないです。でも、これは仕事なんです」

仕事だから成果を出さなくてはならず、その成果は、子供たちの成長だと考え

ている。

仕事として、一定額の報酬をもらっているが、教室で教えるまでの家での準備がとても大変なのだそうだ。

生徒が紙に書く文面を、それぞれの個性やイメージに合わせて「詩」として作っている。例えば、ある生徒のための詩は、『心の扉　開けて　おこうよ　優しい気持ちが　行ったり　来たり』。また別の詩は、『どんなに悲しい時だってどんなにうれしい時だって　雲は変わらず　悠々と　僕の上で浮かんでる』。

その詩を生徒たちが、縦三五センチ、横七〇センチの大きさの紙に書く。すると「詩に命が吹き込まれ、世界にたった一つの作品になるんです」。

年に数回、展示会も開く。私も一度、書道展へ伺ったことがあるが、生徒の一人が私の手を引いて自分の作品の前へと案内してくれた。いい字に、しばし見入ってしまった。

「一枚書き上げたときの生徒の達成感、『ヤッター!』と喜ぶ様子を見ていると、胸を打つものがあるんです」

今年で70歳になるが、体力的にいつまでできるかと考えるときがある。

それでも、生徒が成長していく過程を見ることがやりがいだし、自分が頑張れる大切な居場所となっている。

教えるときにはいつも黒の上下を着る。そして、気合を入れて教室へと向かう。

2 高齢女性と仕事

個の違いが際立つ70歳前後の定年女子

70前後の定年女子を取材してわかったのは、個人差がとても大きいということだった。

そんな当たり前のこと、と思うかもしれないが、本当にすごいバラエティの豊かさなのである。

もちろん、その人の健康状態や体力についてはかなりの個人差があることは承知していた。経済的に自由になるお金についても同様だった。

それははじめからわかっていた。

しかし、それとともに、人生において何を重視するか、残された時間をどう使うか、大きく言えば生き方の個人差が想像していたよりかなり幅広くて、ずっと大きくて、それに驚いた。

定年までずっと働いていた女性なら、その後同じ組織で再雇用として働く人、また、転職するが仕事をすること自体は継続する人、そして、仕事をすることをやめ自分の生活（介護も含めて）を大事にした生き方をする人、くらいの分類で行けるところがあった。

ところが、65歳から70歳くらいになると、定年女子の生き方それ自体が、大きく幅を持ち、本当に人それぞれの流れを形作っていくのである。

母親の介護に時間とエネルギーのほとんどを使っている人、旅行などでいつも飛び回っている人、毎日の暮らしを丁寧に紡いでいく人、その自分の生活を上手にSNSで発信している人、ボランティアに時間の多くを割いている人、大学に入り直すなど勉強や習い事にじっくり取り組んでいる人、仕事を当たり前に続けている人、こんなに違いがあるのかというくらい幅がある生き方をしていた。

そしてそれを多くの人は、ある共通の言葉で表現していた。

それは「自分の居場所」という言葉だった。

そういった生き方の違いとともに、ゆっくり自分のペースで行くか、多少疲れても中くらいのハードなペースで飛ばすかもある。そのペースへの考え方にも差が出てくるのである。

こういった個の違いが際立った70代を経て、80代になれば、おそらく皆の足並みが、健康第一でそろってくることは前にも述べた。

そしてその前の60代後半から70代に、仕事をするという選択肢を選んだ女性たちの働き方は、キラ星のごとくどれも光り輝いていた。

65歳から70代の仕事事情

実は、『定年女子』を書く前には、60歳であろうと、64歳であろうと、68歳であろうと、仕事を探す難しさにかわりはないと思っていた。

若い人が私たち世代に対して、同じようなシニア世代、高齢者の中では比較的若い方？　とみるように、定年を過ぎた女性というくくりでの仕事事情を語れるのではないか、と考えていたのだ。

ところが、実際取材を重ねると、

「60歳ならまあ仕事はある」

「64～65歳になるとちょっと厳しくなり」

「68～70歳で探すのはかなり難しい」

ということがわかってきた。

今、多くの会社は60歳定年制を取っている。そして希望すればそのまま再雇用で働けるが、それは65歳前後までである。

このような状況下、60歳定年で退職し外に飛び出したとしても、大変ではあるが、仕事を見つけることができるようになってきたし（『定年女子』の既刊二冊で述べている）、再雇用が終わる年齢くらいまでは働ける。

ところが、である。

65歳を過ぎると、事情が変わってしまうのである。パタパタッと可能性の扉が閉じてしまう。

政府は最近、高年齢者雇用安定法の改正（令和三年四月一日施行）で「70歳までの就業機会確保を目指し、70歳までの雇用を企業の努力義務とする」ことを打ち出したが、定年延長を実践している企業はまだ少数である。同様に、65歳の仕事探しの壁は高いようだ。

「はい、仕事探しはそこまでですよ」という年齢が、65歳あたりであろうか。

ただし例外は、看護師、介護士などである。超売り手市場なので継続して働けるし、新しい職場も確実に見つかるようだ。その反対に、事務系の仕事に限って言えばかなり厳しい。

だから、60代前半で新しい仕事を獲得し、それがまあまあかなと感じたのに加えて、シフトの自由がきく、けっこう長く働けそうな職場であるようなら、そこで自分のやるべきことを確保し、実績を積みながら評価を得ることが大事だと思う。

大手企業などは、契約社員やパート、アルバイトであっても退職年齢の決まりがあって、65歳から先さらに働くのはなかなか難しい場合が多いけれど、逆に中小の企業や事務所などでは、職場の皆に、「この人でいいんじゃない。彼女みたいな人はなかなか見つからない」という認識を持ってもらえれば、持続して働くことができるようだ。

また、本書で登場いただいた中に、公的な組織に属したり、公的な仕事を65歳を過ぎてしておられる女性たちがいたが、公の仕事の可能性の扉が65歳を過ぎた女性にも開かれているというのは発見だった。

さて、私たちの周りにも、よく見てみれば、ずっと長くそこで働いていると思われる女性たちがけっこういる。

「私、この職場に二〇年もいるんですよ」という税理士事務所の事務の女性、開業医の窓口で長年働いていてお年寄りに寄り添ってくれる受付の女性、近所のお弁当屋さんで何十年も笑顔でお弁当を売っている女性、みんな60代半ばを超えている。

もちろん、運もあるだろう。しかしながら、大事なのは、仕事を探すことをあきらめないこと。どこに行けばどのような仕事があるか情報を集めて、ハローワークやシルバー人材センター、あるいは民間の人材派遣会社なども活用して、チャンスがあれば、とりあえずやってみることだ。

また、前の仕事との間を空けすぎてしまうと、毎日の中での仕事のリズムを忘れてしまいがち。朝早く起きて、身支度を整えて出かける、という習慣・リズムは、いったん手放してしまうと、なかなか元に戻せないらしい。

若いころの仕事と違うのは

若いころの仕事は、自分のこれからの人生設計に大きく関わっている。

だから、先を見て考えて仕事を選ぶ。

その仕事に将来性はあるか。また、初任給はいくらもらえて、それがどう増えていく見込みがあるかで、結婚、出産、家の購入などの実現可能性も見えてくる。転勤はあるかないか、有給休暇や育休はどれだけ取りやすいか、など諸条件は生活していくうえではとても大事である。その仕事に就いた場合、次の仕事が見つけやすいか、転職しやすいか、その可能性も考慮に入れる。だから、誰もが慎重に仕事を選んでいる。

ところが、65歳以上は、先を考えて仕事を選ぶ必要がなくなる。

というか、いつ死ぬかわからないし、先のことなんてほとんど関係なくなる。選択肢は極端に狭くなるから、贅沢《ぜいたく》に仕事を選ぶなんてことは言っていられなくなる。

ここで紹介させていただいた人々も、仕事はまずお金を稼ぐための手段であり、そして、自分の日常に組み込まれている好きなこと・楽しいことの中の一つという位置づけである。

介護があって、孫の世話があって、家（実家も含めて）の整理があって、習い事があって、友達とのお喋りがあって、旅行があって、散歩やスポーツクラブがあって、そして仕事があるのである（家事は、子供たちも巣立ち、夫もリタイアし、掃除や料理などを分担してくれたりして、現役時代よりは楽になっているケースが多いようだ）。

そしてそういう時間やエネルギーの割り振り作業は、男性たちと比べても得意だと思うし、取材した女性たちも皆、楽しそうに忙しくしていたのが嬉しかった。印象的だったのは、前述したが、「仕事は自分にとっての居場所です」と話してくれた人が多かったことだ。

だからこそ、「もちろん、できるところまでやりたいと思っていますよ」ということなのだろう。

「辞めることがあるとすれば、まず身体を壊したとき、そして親や夫など身近な人を介護する必要が出てきたとき、そして、辞めてほしいと言われたときですね」というきっぱりとした感じである。これは不思議にみんな共通していた。

さて、この世代の定年女子は、特に役所や会社勤めをしていた人に共通する、55歳前後の役職定年のころから始まって定年前後まで抱えていた「仕事を巡るちょっと複雑な感情」から解放されつつあるということを指摘したい。

『定年女子』の一冊目でも述べたが、ずっと仕事をしてきた女性は、定年を前にして、定年男性と同じような気持ちを持つことが多い。

会社から必要とされなくなった淋しさ、充実していた昔と比べた今の満たされなさ、ここで辞めなければならない無念さ、この仕事から離れたら自分はどうなるんだろうという不安、などである。

会社員時代の最後の方は、男性であろうと女性であろうと、役職定年もあって、やるべき仕事が不明確で、時間を持て余している印象を受けた。忙しさのまま定年というゴールに向かってダッシュする、という感じではなかった。

が、時間がたち60代後半ともなれば、そういった生々しさ、会社員時代の思い出ははるか遠い昔のことになっている。

そして、皆、いったん仕事人生の仕切り直しをしている。

新たに面接を受け、時給いくらで仕事をするという現実をきちんと受け止めているのだ。その賃金は現役時代に比べたらかなり少ないが、今の仕事の中に意義とやりがい、面白さを見出していた。

つまり、増田さんが語ってくれたように、実質的にバリバリ仕事をしているのである。

高齢者へのニーズが高まってきている

高齢者世代の仕事については、けっこう世間で言われていることを鵜呑《うの》みにしてしまいがちだ。

私もその一人だった。

それは、「高齢者で探せる仕事はとても限られていて、清掃の仕事やビルの管理人くらいである」とか、「面接を受ける前に年齢だけで落とされる」、そのようなたぐいのことである。

だから、この取材を始めて、60歳を過ぎた人が自力であきらめずに仕事を探し、イキイキ、楽しそうに働いている様子を見て、お話を伺って驚いた。

働く高齢者が、一九年連続で増えている。

総務省推計（就業構造基本調査）によると、65～69歳の高齢者で仕事をしている人の割合は二〇二二年には50・9％、なんと二人に一人以上の割合で働いていることになる。70～74歳も33・3％と三割を超えている。女性に限って言えば、60～64歳で62・2％、65～69歳で41・4％、そして70～74歳で25・3％にも上る。

その中には、商売をやっている家や農業など自営業の人、パートで週一くらいの割合で働いている人もいるだろうし、医師や看護師や教師などの専門職、また最近、急速に増えている介護の分野で働いている人なども含まれているだろう。

それにしても、驚くべき高い数字である。

65歳以上ということは、役所や企業に勤めていた人なら、60歳定年とすると、再雇用は終わっている年齢である。会社や仕事内容にかかわらず、同じ職場での流れに乗っての仕事というのはなくなるわけなのだ。

にもかかわらず、それ以降も働いている女性たちが、65〜69歳は41・4%、70〜74歳は25・3%と、これほどいるのである。別の言葉で言えば、それだけ社会的ニーズがある、雇う側も柔軟になってきたということであろう。

「社会的ニーズがある」ということで言えば、ここのところずっと円安が続いていて、海外からの労働者、特に、介護、農業、工場、建設現場での働き手が入ってこず、人手は圧倒的に足りていないそうだ。また、比較的高齢のタクシーやバスの運転手などもコロナで仕事を辞め、そのまま復職しない人が多いと聞く。テレビでは、飲食業界、居酒屋などでもアルバイトが集まらず、時給を倍近くにあげてやっと人が雇えたとか、ホテルや旅館などは、予約は入るのにそこで働くスタッフが足りず、部屋をフル回転させることができない、などという話を放送している。

コロナのときには、経済がストップしてしまったので、人を減らし、そのつけが今、来ているようだ。

また、働く高齢者にしてみれば、今後、年金が増えることはなく、おそらく実質的には少しずつ減っていく中、物価がガンガン上がっていく状況で、仕事をして、お金を得ることはすごく大事になっている。シニア世代はますます仕事市場に出ていくことになるだろう。

夫は定年退職し、その後の再雇用も終わったが、妻の方は50代から始めたパートの仕事が認められて、65歳過ぎてもずっと働き続けている、というケースも案外多いようだ。

仕事をすると、生活のルーティーンができる

「仕事をしているから他のことはしない、できない」という方はほとんどいなかった。

取材では、定年退職した夫が料理や庭仕事、掃除などを担当してくれるようになったという話も聞いたが、働いている妻だって当たり前のように家事をこなし、孫の世話をし、趣味の時間もちゃんと確保して、おしゃれもし、自分のことを冷静に語る方が多かった。

また、「仕事をすると、一日の時間をきちんと管理できるからいい」という意見は印象的だった。増田さんや山中さんはそんなふうに話してくれた。

朝は決まった時間に起きて、お弁当を作り仕事に出向く。帰宅途中で買い物をして晩ご飯の支度をする。そういう生活のリズム、ルーティーンができているからか、皆さん、てきぱきとした印象だった。

私など、自由業の仕事なので、毎日の生活が易《やす》きに、無規律に流れてしまいがちだ。特に問題なのは、夜眠る前のベッドでの読書を無上の楽しみとしていることで、二時くらいまで本を読んでいると、どうしても起床は八時半とかになってしまう。

だから、「朝六時半に起きて、朝食を済ませ、簡単にメイクして八時には家を出ますね」などという話を聞いて、ちょっと反省した。

年齢がプラスになる仕事がある

会社などの組織が若い人を雇用したい理由の第一は、体力がありたくさんの仕事をこなしてくれるとか、覚えが早い、ということよりも、その先も長く働いてくれたら大きな戦力になる、という期待からだと思う。

そういう意味では、シニアの人たちも、病気などのリスクはあるにせよ、簡単に辞めたりせず、ずっと働いてくれる、ということになる。

本書に登場していただいた皆さんも、「できるだけ長くこの職場で働きたい」と話してくれた。

もう一つ、興味深かったことは、「経験が、年齢が、プラスになる」ということだった。

若者が多く働く職場は、働き方のマニュアルがあったりして、皆それに沿って働いている場合が多いが、世の中それですべて回せるわけではない。マニュアルがない仕事で、臨機応変に、気配りをきかせて、目の前にいる人によって対応の仕方を変えたりすることができるのは、やはり人生経験豊富な定年女子世代ではないだろうか。

コロナがあけて、人手不足が深刻化している。これからは、高齢者にも採用の窓を開き、仕事をやってもらわないと組織の存続にも関わる、そんなところまで状況はひっ迫してきている印象である。しかも定年女子は、仕事経験、人生経験も豊富にある。

定年女子、チャンス到来なのである！

仕事ができる幸せを感じている

65歳を過ぎて働いている人の取材で心に残った言葉は、「仕事ができて嬉しい。仕事をさせてもらって幸せ」ということだった。山中さんも、関さんも、西堀さんも、景山さんも、畠田さんも、みんなそう言っていた。私も、ここで、その言葉をそっくりそのまま返したい。皆様にお話を聞けて本当に楽しかった。

仕事をすれば、その分時間はとられ、プライベートのことはできなくなったりするが、それでも、仕事の中に楽しみややりがいを見出していた。

もう一つ印象的だったのは、「働けるならこの先もずっと、80になっても働きたい」と言っていたことだ。「自分から辞めるなんて考えられない」とも話していた。

逆に、「私は60までは、○○の仕事をしていて、それはこんなにすごくて……」的な自慢をする人はいなかった。もともと女性にはそのような自慢話をする傾向は少ないのだが、それでも、過去はもう関係ないのである。

それより、「この仕事が気に入っているし、ずっと続けたい」と今と未来を語ってくれた。

私もいつまで働けるかわからないけれど、同じように感じている。

たまたまこの歳になっても仕事をさせてもらって、それで、人と関わることができて、何かを調べたり、考えをまとめたりして、成長するとまではいかないまでも、充実した日々を過ごすことができるのは本当に嬉しい。

第5章

捨てること、維持したいこと、新しく広げたいこと

1　60を過ぎて捨てるモノ

60を過ぎると、本当はずっと持っていたいのに、「ガクッと減っているな……」と実感することに満ち満ちている。

肌の張り、チャンス、やる気、根気、体力、感動する心、機敏さ、好奇心、記憶力、スタミナ、誘われる（催しなどに）機会、まつ毛、髪の毛の量……。

逆に、いらないものはどんどん蓄積されていく。

これについてはありすぎて書かない。けれども、そのいらないものの中で、自分の意志で捨てられるもの、できたら捨てた方がいいものについて、今は盛んに議論されている。

一気にやってしまうか、楽しくやるか、実家の片づけ

自分の住まいの片づけと、実家の片づけは全く違う。

自分の住まいの方は、必要だ、欲しい、と思って買ったモノを整理するわけだが、親の家のモノはなくても自分の毎日の生活に支障をきたすわけではない。

しかも、定年女子世代も60歳から上の年齢、自宅の断捨離をさかんに推奨されているわけで、新たに親の家のモノなんかを自宅に引き取ったり、持ち込んだりしている場合ではないはずだ。

とはいえ、やはり、実家には愛着があった食器や家具などがあり、親が使っていたモノで「これは欲しかった」という品物がないわけではない、という人もいるだろう。

まあ、親が元気なうちは実家の整理はやりにくいし、親が楽しく暮らしていて、それでいいなら、多少散らかっていようと無理やり整理なんてする必要はないと思う。

しかし、親が介護施設に入ると、そこへ持っていけるものはとても限られる。実家には、洋服でも何でも、これから先使わないであろうモノだけという状態になる。そのときは、親に一言断ってから整理にとりかかってもいいと思う。

施設では入居者が外出する機会は少ないが、私の母の場合で言えば、施設にはコートは、ダウンコート二枚（一枚はウルトラダウンで、もう一つはもっと寒いときに着るダウン）だけを持ち込んだ。入居者全員で近所に桜を観に出たりするときにはウルトラダウンを着させてもらったが、分厚い方のダウンコートはほとんど着用しなかったようだ。実家のタンスには、母のウールのロングコートやショートコートが何枚かあったが、それはそのままになっていた。

一方、親が亡くなった後は、遺品整理を一気にやらなければならなくなることも多い。必要なモノを少しだけ持ち出して、ザーッとやってしまうしかない（実家の整理については、第2章で述べた）。

私は母が他界したあと、実家を処分することに決め、遺品整理をした。

それ以前、母が施設に入居してのち、もう家には戻ることがないとなったとき、妹と「自分が欲しいモノがあれば、自由に持って帰っていい。ただし、持って帰ったモノは報告をすること」と取り決め、少しずつ家に移したりしていた。

それでも、私のところに運んだのはほんの少しである。使えそうな食器（小皿と茶たく、果物皿、お重、ワイングラスなど）、父のグレーのカシミアセーターとマフラー、母の指輪とスカーフと着物が数枚、父母や私の写真（アルバムからはがして）、本と雑誌が一〇冊くらい、伯父の描いた絵が二枚、そんなものだ。

捨てられない事情……私の場合

私は基本的にモノが好きで、好きなモノに囲まれているのが嬉しい、スカスカしている家は居心地が悪い、というタイプなので、なかなかモノが捨てられない。そして、私の荷物の中で圧倒的に場所を取っているのが洋服である。しかも、その服の大半はオーダーメイド（と言っても、既製品よりも安かったりする）であり、私が40代半ばから香港に住む友人に仕立ててもらっていたものなのである。ちゃんと数えたことはないが、軽く一〇〇着以上はあると思う。

あらかじめ「今度は何を作ってもらおうか」と考えて生地（たくさんストックしている、それも家の荷物になっている）を選び、デザイン画を描き、ボタンやブレードなど小物まで携えて、香港に行くということを続けていた。

結果、ブラウスとワンピースは80％がオーダー、スーツとスカート、ジャケットもかなりの数はその香港の友人が作ってくれたものだ。オーダーではない服は、ニット、Tシャツ、パンツ、シャツ、コート（それでも三着はオーダー）、パジャマくらいのものである。

しかも、その多くが、大好きな一九六〇年代とか一九七〇年代くらいのオーソドックスなデザインをアレンジしたもので、身体に無理なく沿ったものだから、流行なんてはじめから関係ない。何しろ、私が中学生のころ、母が授業参観のときよく着ていたスーツが好きで、それを型紙のようにコピーして、私に合うように若干修正を加え、仕立ててもらったスーツなども何着かあるくらいだ。

よって、古くならないし、流行おくれだから処分、ということにもならない。強い愛着もある。今まで山のように仕立ててもらったそれらの品で、捨てたりあげたりしたものは五着にも満たない。もちろん一度も着ていない服もあるが、いつかは絶対に着るつもりである。

服以外についても、買い物が大好きなので、一〇〇円ショップで買うものでさえ吟味する。

というわけで、どれもそれなりに納得して今ここにあるものたちだ。捨てることには気持ちが揺らぐ。

しかも、しかもである。

60歳を過ぎてから着物を着るようになったので、それまで私の生活には存在しなかった着物と帯、および着物関係のもろもろが加わってきて、家の中は大変なことになっている。

ボチボチやればいいか、自宅の片づけ

それでも折を見て、コロナが始まったころから少しずつ整理をし始めた。

まずは仕事関係。新聞記事の切り抜きなどの資料はネットで調べられることが多く、その大半を処分した。

本は、家の一四個の本棚に溢れかえっているが、処分は主として夫に任せている。いらなくなった本は少しずつ、ゴミとして出したり、古書店に売ったり、図書館の寄付コーナーに持っていっている。

自分の書いた本はすべて五〇冊ずつほどとっておいていたが、一〇冊ずつくらいにした。

逆に、昔集めた、ツイッギーの写真、六〇年代七〇年代の女優の雑誌の切り抜き写真や記事、などは捨てられない。小学生のときに読んだ大好きな西谷祥子《にしたによしこ》や水野英子《みずのひでこ》などの少女漫画の単行本も残っている。

問題は先述の洋服関連のものだ。

オーダーではない、もう着ないだろうニットやTシャツ、小物などは、近所の公共のリサイクル店に寄付、一部は妹に送る。形が崩れたバッグは捨て、まだ使えそうなバッグは寄付。履いて痛い靴は捨てたが、ハイヒールは捨てていない。

台所用品は、一〇年ほど前から、鍋などは少しずつ軽いものに替えていっている。鉄製の重いフライパンなどは処分し、一〇〇〇円くらいの安いフライパンを使い捨てにしている。

しかしながら、まだ、フィルム時代の写真は手を付けていないし、アメリカに住んでいたときに買ったインテリア用の布地なども、少しずつ椅子の張替えなどに使ってはいるが、ほとんどそのままだ。高松《たかまつ》に住んでいたときに買った、美しい後藤塗《ごとうぬり》の各種お盆も捨てることはできない。その他、捨てることができないものはまだ、たくさんある。

そんなスローペースだから、見た目はさして変わりないのだが、「まあやらないよりはやった方がいいよね」くらいの自己満足でやっている。

整理は、好きな人と嫌いな人、得意な人とそうでない人に分かれると思う。モノに対する執着があまりない人はバサッとできるが、モノが好きな人は難しい。

整理の本には、例えば衣類だが、「二年着なかったもの、存在すら忘れていたもの、将来着ないものは処分しましょう」などとあるが、私は一〇年着なかった服でも突然着ることはよくあるし、存在を忘れたものは（しまい場所を忘れることは多いが）ほとんどない。

それどころか、はかなくなったシルクのフレアースカートを夏のブラウスに仕立て直してもらったりもしている。ずっとタンスに眠っていたサンローランの黒地のシルクのパジャマがあったが、先日、戦前の留め袖を解《ほど》いて付け帯に仕立て直してもらった際に、お太鼓部分にそのパジャマのズボンの布を足してもらったら、素晴らしい出来となった。まさか、ビンテージの留め袖とともに帯に蘇らせてくれるなんて、とパジャマも喜んでいることだろう。

これは聞いた話だが、台所がきれいな人と料理好きは、他人に台所を見せる必要のあるプロの料理研究家を除いて、両立しないそうだ。

掃除好きで常にきれいにしているのが好きな人は、台所がモノで溢れかえったり、汚れるのがイヤなあまり、収納できるだけの調味料や鍋しか買わないし、油は極力使わず、簡単な料理しか作らないからだそうだ。逆に料理好きは、次々新しい食材や調味料などを試してみたくなって、結果キッチンにモノが溢れがちになる。

それに、片付くかそうでないかは、その人のライフスタイルも関わってくる。

私の家では新聞二紙を取り、ほぼ毎日英字新聞を買っている（計三紙）が、土日はそれにプラスして書評がのる別の新聞も数紙買ってくる。よって、ダイニングテーブルの上はあっという間に新聞だらけになる。今は、新聞を取っている人は減っているから、「そんな人の家はすっきりしていそうでいいな、お花なんか飾ってきれいだろうな」とは思うが仕方がない。

あまり、人に見られると恥ずかしいとか、そんなことは考えず、自分が暮らしやすかったらそのままでもいいのではないかと思う。

人間関係を捨てる？

「年賀状は今年でやめさせていただきます」という年賀状が届き始めて一五年くらいになるだろうか。

そうですか、という受け止めだ。私は、枚数は40代のころよりはぐっと減ったが、年賀状は、一応まだ続けるつもりである。

だいたいにして、私は、人間関係をやめるとか関係を切る、という発想があまり好きではない。

「60を過ぎたら、義理の人間関係はきっぱり切って身軽になりましょう」などとうたう本もあるが、もともと義理なら、さほど会うわけでもないだろうし、別にそのままにしておいてもいいのではないか。義理なら自然消滅する確率も高いわけだし。

それより、どうしてもこの人とは付き合いたくない、ずっと我慢していた、一緒にいると苦痛だというレベルなら、付き合いはやめればいい。

また、いい人ではあるが、何故か自分にとっては、その人の存在自体がストレスになる、ということはある。そんな場合は、距離を置くのも仕方がないと思う。

しかし、もうすぐ70歳になろうという私が実感しているのは、人間関係は、ほうっておいても減っていくものだということだ。

亡くなる人、重い病気になって会うのが難しくなってしまう人はいる。仕事を辞めた時点で、仕事関係の人間関係をすべて清算してしまう（こちらはそのつもりはなくても）人もけっこう多い。介護などで動きが取れない人、第二の人生に向けて生活をガラッと変えて、遠くに引っ越してしまう人などもいるだろう。

そんなわけで、付き合うことのできる知り合いは着実に減っていく。今まで気があった人、仲がよかった人でも、物理的に、時間的に距離ができてしまうことも多い。

あと一五年もすれば、私たち夫婦も、親しい友人たちも介護施設のお世話になるかもしれないが、そこに入ってまで、友人を訪ねたり訪ねられたりすることはあまり現実的ではないし、難しいだろう。

だからこそ、今の関係を無理に切ったりしなくてもいいのではないか。

しかも、友人がもたらす小さな不満ならば、反面教師も含めて、得ることがあったりもするように思う。

一緒にお茶を飲みながら「あーあ、また聞くだけになっちゃった。あの人って、どうしていつも自分のことだけなのかしら?」と腹立たしく感じても、「自分も○○さんと一緒のときはそうなりがちだ。あのときはそうだったかも……」などと、その人の話から気付くこともあったりするものだ。

最後に、友人から得る知識について触れたい。お茶を飲みながら、献立のヒントをもらったり、健康関連の知識を得たり、耳つぼの押し方を習ったり、レストラン情報をもらったり、車の板金修理会社を教えてもらったり、友人は情報の宝庫なのである。

かたくなな老人にはならない

　これはおそらくもう少し年齢的には後のことで、老人、特に男性に多いように感じるが、女性にもある程度は当てはまると思う。

かたくなになって、自分のプライドや世界にこだわり、次第に自分の殻を硬く硬くしてしまうことだ。

　こだわりとかたくなさとは違う。

こだわりは、それが好きで、その世界を自分なりに極めようとすることだが、かたくなさは、そこに、その他のものは拒絶する姿勢が加わるように感じる。

「私の趣味に合わないのよね」「あの人のそういうところが許せない！」「自分にはこれしかない」「面白くなさそう……」「やって何になるの？」「私、興味ないから！」「人生の残り時間が少ないのに、そんなことはしていられない」などと頭から拒否してしまわず、ちょっとだけでもやってみるとか、話だけでも聞いてみる、くらいの余裕は残しておきたい。

何度も言うが、普通、自分の世界や生活、生き方や考え方というのは案外狭くて、限定されているものだ。

それが面白くて、毎日が充実していて、時間があっという間に過ぎてしまう、というのならそれでいいと思うが、普通はそこまでいかないことが多いように感じる。

だから、あまりかたくなにならず、勧められたものは少しだけでも受け入れてみる。

すると、「ああ、こういうやり方もあるのね」と思えるかもしれないし、「予想外に面白かった」などの発見があるかもしれない。

実は、このことは自分自身への反省の意味も込めて言うのだが。

身体も硬くなる、お肌も硬くなる、だけど、頭と心だけは柔軟にしておきたい。

2　60を過ぎて維持したいこと

私は基本的に、現状維持が嫌いではない。刺激的な毎日を送るより、平和で穏やかな日々が続いてくれればいいな、と思う方だ。

でも、60過ぎて実感するのは、仕事でも、日常でも、体型でも、現状を維持したかったら、120%以上の力で走らなければならないということだ。たえず新陳代謝をしながら進むことこそが、遠目には、ずっと同じく安定していると見えるのだ。

そう、銀座みたいに……。

こまめに動くこと

私は何事にも腰が重い方だったが、60を過ぎてからは、「こまめに動く！」をモットーとしている。モットーということで、実行力が伴うとはまだ言い難いが。

「面倒くさい」は敵、禁句である。

80を過ぎても美しく、凛《りん》として、イキイキしている女性の話を本で読んだりすると、家事などを当たり前のこととして、ちゃんとやっている人が多いと感じるからだ。

彼女たちは、椅子にじっと座ってなどいないで、何かしら動いている印象だ。

「これだ！」と思った。

スポーツクラブでマシンを使った運動をしたりするのは好きではない。今は、週一でピラティスのレッスンを受けているが、身体の使っていない部位をじっくり伸ばす、という感じである。

だから、「こまめに動く」の方は、実生活の中でやるしかない、と考えた。

例えば——。

数年ほど前から、家の二階に用事があって上がった際、これをやらなくちゃ、あれも取ってこようなどと思っていたのに、一つくらい忘れてしまうことがよくあるようになった。

二階の寝室でケータイを見つけ「ここにあったのか」と喜んで階段を降り、そのあとで「あ、そうだ。二階のトイレのタオルを替えようと思ってたんだった」とか。そんなとき、「あーあ、もういいや、次の洗濯のときにしよう」ではなく、チャチャっと取り替えに上がるようにしている。

スーパーには買い物リストを頭の中で作って行くが、それでも買い忘れがあったりということはしょっちゅうだ。そのときも、雨が降っていなければ、また買いに出る。図書館で本を返すついでにハガキを出す、つもりが、家に帰ったら、ハガキがバッグに入ったままだったり。仕方がないから、また近くのポストまで行く。

二度手間だが、そうやって身体を動かすようにしている。

足りなくなった頭を足で補っているのである。

物忘れは、もちろん、買い物や二階に上がったときだけのことではない。

日常万事、小さなことから大切な用事まで広範囲に及ぶ。

なので、「明日&近日中やることメモ」を、一〇年くらい前から習慣にしている。小さなバインダーに裏が白いコピー失敗用紙などを切ってメモ帳を作り、やったらそれをひとつずつ消していく。

旅行に行くときの準備あれこれ、病院への電話、予約全般、図書館で借りる&返却すべき本、気になる催し、何でもメモにして置いておくようにしている。

また、いつまでも健康でいるには足と手をよく使うといいという話を聞き、足は、なるべく歩くようにすることくらいしかしていないが（どうも階段は苦手で、エスカレーターがあればそれを使ってしまう）、手は、家事の他に、最近、糸と針を持つことが加わった。着物を着るので、半衿《はんえり》をつけたり、肌着にひもをつけてみたり、そんなレベルだがこまめにやるようにしている。

着物を始めたのだって、もちろん、着物は素敵、着てみたい、というのが動機だったが、それと同時に、前日に着付けに必要なモノの準備をしてアイロンをかけ、当日は三〇～四〇分かけて着物を着付けて、戻ってからは陰干ししてしまう、というような超面倒な手順が実は大事かな、と思ったからだ。洋服を着るのの一〇倍は時間がかかるし、神経も使う。

そういう手間ひまかかることを、あえて選ぶようにしているのだ。

人の相談に乗る、誘いは断らない、面倒なことを避けない

中高年になると、人からの相談ごとというのは重いものが多くなる。介護の話や身体の不調、相続のもめごと、兄弟姉妹間の不和、などなど。

自分がどれだけ役に立てるかはわからないが、まずは話を聞いてほしいのだろう、と考え、きちんと聞いて、誠実に応えるようにはしている。

私は50歳を過ぎたころから、人からの依頼でも、誘いでも、できることならやる、できる範囲でやる、を心掛けている。

それは、近頃流行《はや》っている「自分を第一に」「自分に正直に」「自分の好きなこ

とだけ」という考え方とは逆の方向だと思う。

とはいえ、「お茶を飲みに家に来ない？」「どこそこでランチはどお？」「歌舞伎に行かない？」といった楽し気な誘いでさえも、億劫だと思うこともある。

若いころに比べると、刺激を求める気持ちは減退傾向、おしゃれな店にも、面白い映画にも、楽しい催しに対しても、若いころと比べれば、興味は薄れてきている。わざわざ電車に乗って、時間とお金を使って、しかも雨だったりしたら……。

ではあるけれど、それでもあまり断らない。

人からの誘いを断っていると、やがて誘われなくなるから、がその理由の一つ。自分一人で好きなことだけしていると、やることや趣味が限定されて行動半径が小さくなっていくからが二つ目だ。この二つ目が私としては大きい。

特に私は易きに流れる傾向が強いので、誘いを断り、一人で過ごしたとして、果たして、有意義かつ優雅な時間の使い方ができるだろうか、と考えてしまう。おそらく、ただ、だらだら時間を使ってしまうだろう。だから、あえて、その反対を選ぶようにしているのだ。

60過ぎたら身軽さが一番だという。

自分を身軽にする方法として、面倒な人とは付き合わず、すっきり片付いた部屋で、「あーあ、部屋が汚れているなあ」などと思い煩うことなく、美味しいお茶を飲みながらゆっくり音楽を聴く。そんな身軽さもあるだろう。余分なものがそぎ落とされたシャープな日常そのもので素晴らしいとは思う。

が、私の場合は逆で、誘われたらなるべく断らないですぐ動く癖をつける、そういう日常を当たり前に持っておくという身軽さだ。

もちろん、自分から人を誘うこともよくある。

20代半ばで結婚し、そのころ思い描いていたのは——。

まだまだ若い40代の自分が、美味しい料理と美しい食器などで人を家にお招きする、というライフスタイルだった。が、自分が40代になってみると、まわりは皆、仕事が忙しかったり、子供がいる家庭だとお受験真っ盛りの時期で、人の家に食事なんかに行っている場合ではない、というのが現実だった。

ところが、60歳を過ぎると、皆、かつての忙しさからは解放され暇になってくる。だから、人を家にお招きしたり、皆で誘い合わせて外で食事をすることなどもしやすくなる。

そうやって、遅ればせながらやっと出番が来た食器などもたくさんある（お待たせしてすみません……）。

まあ、あれもこれもと重い荷物を抱えてドタバタしている印象だが、それこそが私的な身軽さの秘訣《ひけつ》のような気がする。

自分には戻る場所がある——継続している何か

60代から70代にかけての人生においては、自分の周囲に大きな変化がおきる確率が高い。

まずは親の死。配偶者の死や病気や衰え、兄弟姉妹や友人の死、自分の病気。そして、仕事をリタイアする、友人が離れていく（距離的に）、子供が独立する、孫が生まれる、転居する、などなどである。

それを、「新しいことを始める契機としよう」と前向きにとらえられる人はいいが、そうでない人もいる。いや、そうでない人の方が多いと思う。

変化は悲しいことが多いから、いつまでもそれにとらわれてしまって、辛い思いから抜け出せない、ということもある。

ずっと介護をしていた人が、その役割を終えて、「あーあ、やり切ったわ。これからは100%私の時間よ！」と方向転換できるまでは時間がかかるし、急にやることがなくなり、抜け殻みたいになってしまうのだって理解できる。夫婦での楽しい老後生活を思い描いていたのが、予期せぬ突然の配偶者の死で、一人残されて、「もう何をする気力もわかない」という気持ちもわかる。

そんなとき、何か自分が戻っていく場所、習慣、拠り所があるとちょっと救われるのではないか。

毎日の決まったメニューの朝食を用意することでもいい。季節ごとに花を植えたりする庭仕事でもいい。夜眠る前習慣にしているストレッチでもいい。日常生活でずっと続けてきた何かがあれば、それを続けることだ。

また、昔好きだった映画とか何度も読み返した本は、心の拠り所になるかもしれない。ずっと続けている日記、頑張って更新し続けているブログ、などは気持ちの支えになると思う。習い事、趣味、仕事、孫の世話などでもいいと思う。

自分が時間をかけてなじみ、作り上げてきたものには、それなりの重みがあると思うのだ。

今の時代、「しがらみを断ち切って生まれ変わる」「新しい自分を発見する」などがもてはやされているが、それだけでなく、何かを「ずっと続ける」ことも実はすごく大切なのではないだろうか。

60過ぎの見た目……大事なのは、うるおい、姿勢、イキイキした感じ

若いときには、外見維持の努力について、誰もが同じような方向を向いていたように思う。

細めで、肌と歯は白くすべすべ、髪はつやつやであるに越したことはなかった。ところが、60を過ぎたころから、自分がどう老けていくかがだんだん見えてくる。

どこの部位が人と比べて劣化が早いか、手入れを必要としているのかがわかってくるのだ。

髪で言えば毛髪の量なのか、つやなのか、白髪なのか。

顔ならしわなのか、シミなのか、くすみなのか、たるみなのか。

老けが目立つのは、目元か、口元か、首筋か。

体型で言えば、下半身か、上半身か、おなかか、肩のあたりか。

わかったからといって解決できる効果的な方法があるわけではないが、まあ、

自覚させられるというか、課題がはっきり突き付けられるのである。

対処の仕方も少しは見えてくる。

毛量が少なければ、育毛効果があるヘアケアローションを使うとか、シミならシミに効く美容液を塗るとか、レーザーでシミ取りをするとか、たるみなら、エステに通うとか。

それらを「空《むな》しい努力」などと思っても仕方がないわけで、自分の気持ちと財布が納得できる範囲でやるしかないのである。

また、歳をとって難しいのは、それだけではない。

若いころのシンプルな美容の方程式が成り立たなくなるのである。

例えば、「痩せるときれいになる」といっても、うまく痩せないと、しわが目立つどころではなく、水分がなくて干からびた印象になってしまう。一気におばあさんの道を歩むことになる。

だから、痩せるのにも気を付けなければならない。

30代のころ、かなり年上の女性から「美容で一番大事なことって何だと思う？」と聞かれたことがあった。

私は、「肌が白いこと？　でも、もともとの色の白さはあるから、私みたいに色が黒いとどうにもならないですよね。ああ、たるみもイヤです。たるみをなくす、ですかね」とかごちゃごちゃ言った記憶があるが、彼女は一言「保湿よ！」と言い切った。

保湿、なのである。

肌が潤っていて、水分がありそうで、赤ちゃんみたいにふっくら柔らかそうで、それが一番だというのだ。その反対は、肌が乾いていて、水分がなく、硬くなってガサガサ、キシキシと干からびた印象、それがおばあさんだというのである。

その「保湿よ！」は、私の頭に映像ごとしっかり記憶されたのである。

それからは肌が乾燥すると、「やばい！」と洗面所まで走り、化粧水や乳液、美容液などをつけ、それまでいい加減だった肌の手入れを普通にし始め、お風呂上がりの保湿クリームはマストなアイテムとなった。

また、中高年の見た目を左右するのは、ズバリ姿勢である。姿勢が悪く、猫背っぽくなっていると、これまたおばあさん一直線である。本当に、『チコちゃんに叱られる！』じゃないけれど、「おばあさん一直線への要素のなんと多いことか！」

しかし、外に出てガラスに映る己の姿を見て、「まずい！」と急に腰から身体をビューンとそらせるのはよくないらしい。

腰はむしろ腹筋に力を入れて心もち後ろに出し背骨の上の方をまっすぐにする。そのとき大事なのは、首ごと後ろに押しやる感じだという。首が前に倒された感じだと、頭が重いし、どうしても重力で背中が曲がっていってしまう。

あとは、全体的に、イキイキ・キラキラした印象が出せたら素敵だなと思う。中高年はどうしても、目は小さくなり、肌はくすみ、肉は下がり、ぼやっとした外見になるのに、さらに、気持ちまで沈んでいると、ますますどんよりした印象になってしまう。

では、イキイキ・キラキラの素《もと》はなんだろうか。それは絶対、好奇心だと思う。そして好奇心には、新しいことが欠かせない。

3　60を過ぎて新しく加え、広げたいこと

現状維持のための努力と、新しいことへの挑戦・開拓は、ちょっと違う。

今までは接点がなかったことを、あえて、やってみることが新しい挑戦であり

開拓だ。

そこには発見があるし、知らなかった人がかかわってくるし、目の前にやるべきことがどんどん出てくるし、今が出発点でこれから可能性は広がっていく。

が、定年女子は、始めるのが遅いわけだから、それを「極める」というところまでは難しい。今後どういう道をたどるのか、どんな終点があるのかはわからない。だからこそ、ワクワクすると考えて。

人間関係が変わってくる

60を過ぎると、まだ老後ではないとしても、老後がある程度見えてくる年齢ではあるから、そこをどう考えるか、で人間関係は変わってくると思う。

60代で、それまで住んでいた家やマンションを売って、別のところで新しい暮らしを始める人はけっこういる。

理由は様々だ。

「一度、海外で数年、暮らしてみたかったのよ」「畑仕事や釣りをするような暮らしがしたかったんです」「子供たちが独立したこの機に、大学に入りなおしました」「親を見送ったから、はじけたい。沖縄でスカイダイビングに挑戦したいわ」「入院をきっかけに体力が落ちて、食事や家事をやるのは大変になったから、68歳で少し早いのだけれど施設に入居することにしたの」

歳をとると、生き方がばらけてくるのである。

そんな思いがけない話を聞くにつけ、「ええっ、そうなんだ！」と驚き、ずっとその人となりを知っていると思っていたのに、「この人ってそんな面があったのね」と発見することも多い。

そうなると、やはりお互いの関係はどうしても希薄になってしまうように思う。もちろん、今の時代、ネット環境さえ整っていれば、毎日ＬＩＮＥだってできるし、昔からの電話だってあるし、密に連絡は取りあえる。

が、実際会う機会がなさすぎると、また、生き方の方向が違いすぎると、信頼関係は盤石であっても、お互いの関係が、これまでの日常的な友情とは別のものになる。なんというか、クラス会で何十年ぶりに会った、かつての親友みたいな感じだろうか。

これまでも、例えば、30代半ばくらいから50代にかけて、つまり現役バリバリのころ、相手と自分の経済的状況、仕事の内容、結婚しているか否か、子供がいるか否か、子供の進学状況などで、友情が変質していったことはあった。

それらは、置かれている立場や環境が異なっている、相手と価値観が違ってきた、一緒にいて楽しくなくなった、などの理由からあえて距離を置く、という別離なのだった。

が、60を過ぎると、それとは異なる精神的&物理的別離、ともいえる事態がおこってくることは、この歳になってわかってきたことだ。

会社が引けてから飲みに行き、仕事の悩みや上司の悪口で盛り上がっていた職場の同期の女性とも、定年後にはあまり会わなくなったし、話題もなくなった、ということはよくあるだろう。でも、それでいいし、それが普通なのだと思う。

自然に少しずつ消滅したり、形を変えたりしていく人間関係だから、60過ぎたら、あえて、新しい人間関係をつくることを推薦したい。

新しい友人を作る際のキーワードは三つ

60を過ぎて新しい友人を作るには、何が大事か、どうやったらいいか。私は三つの要素をあげたい。

・同じ興味・関心事を持っていること。
・比較的近所に住んでいること。
・自分より年下の相手であること。

60を過ぎて新しく友達になる一番の近道は、同じ興味や関心事を持っているかどうかだと思う。

習い事でも、趣味でも、旅行でも、ボランティア活動でも、新しい仕事でもいいが、同じ場にいる、あるいは、何かに同じように取り組んでいたり夢中になっていると話が弾む。

私は着物を始めて、着物好きの仲間ができたし、着物の話をしていると話題が尽きない。旅行を共にする友達もいる。介護問題を抱えていたときには、同じ境遇の友人たちと情報を交換し合い、悩みを話し合い、随分と救われた。

また、比較的近所に住んでいる友人、ということで言えば、コロナがその大切さを気付かせてくれた。

コロナ禍の数年間は、お喋りするだけのために電車を乗り継いで都心で友達と会う、ということがかなりリスキーだった。そんなとき、お互い歩ける距離のカフェで会って、ちょっとお茶を飲んだりできたのは、近所に住む友人たちとだった。しかも、近所のどこそこで何を売っている、あの店の何が美味しい、あそこの医者の評判はどうだこうだ、など有用な情報交換もできた。

歳をとると、時間はたっぷりあっても、体力が落ちてきていることもあって、わざわざ遠出をしたくなくなる。そんなときに、近所に話の合う友達がいると、嬉しいし、心強い。もっと歳をとったら、いざというときにも助けになると思う。ご近所つながりがますます大事になってくるのだ。

近所ということで言えば、私は40を過ぎたころから少しずつ、美容院、歯医者、眼科、健康診断の機関などを近所に変えていったが、コロナのときにもそれまで通り、継続して通院することができたのはとても助かった。

最後に、友人の年齢については、あえて年下の友人を推したい。年上の先輩や同世代の友人から教えられることも多いのだが、年下の友人を持つと――「自分と会ってくれるなら」だけれど――とても楽しいと思う。

話に現場感覚があって、現実的な仕事の悩みなども聞けて、若いエネルギーに引っ張り込まれるような気がする。今はＬＩＮＥなどもあるから、気軽にお喋りもできる。

一方、同窓会などに出ても、昔はそれなりに楽しかったのに、65を過ぎると、なぜか話題が介護か病気の話ばかりで、あまり面白くないと感じるのは私だけであろうか。

リスクを想定して、自分なりの遺言を――母の言葉と父のメモ

60過ぎたら、病気になる確率は高くなる。あっという間の死だって可能性はないことはない。

だから、自分の意志で、病気への向き合い方に関して、延命治療に関して、お金に関して、生き方に関して、子供や親戚、近しい友人などに話をしておくこと、あるいは書面で残しておくことはとても大事だと思う。

母は95歳で誤嚥性肺炎《ごえんせいはいえん》で他界する前、八年半くらい介護施設にお世話になっていた。亡くなる八か月ほど前、施設長と担当医師から、最近とみに食事（すでに、きざみ食を経てとろみ食＋栄養補助のドリンクなどの段階）を飲み込む力が弱ってきているから、胃ろうなどを検討してはどうかと、押し付けではなく提案とし

て言われた。

が、母がまだ元気だった70代後半に、そのあたりの医療行為について何度か話題にしたことがあって、そのときはっきり、

「私はチューブにつながれてただ生きているだけ、というのは絶対嫌だわ。なるべく自然に近い形で死にたい」

と話していた。

その内容を伝え、「それを自筆で残してはいませんが、母の意志を尊重したいです」と話すと、「それでは、酸素吸入と点滴はやるけれど、人工呼吸器や胃ろうなどはやらないことにしましょう」ということになった（でも後日再び、それでいいのですね、と確認されたし、入院した総合病院と療養型病院でも同じことを確認された）。

しかし、それは、母が94歳と高齢であり、認知症も進み、身体もかなり弱ってきているという認識があったからだ。もし、同じ胃ろうをすすめられたのが、仮に母が80代半ばの年齢で、食事をとること以外は問題なく健康であったなら、私と妹は、かなり迷い、胃ろうも検討したかもしれないと思う。

母は、施設に入居するときすでに認知症ではあったが、その当時は元気よく、

お喋りで、よく笑い、陽気だった。月に三回、二時間半かけて面会に行くと、「あらら、知っている人が来たわ！」という感じで、二時間ずっと話をし続けた。

　だが、コロナの三年間で思うように面会ができなかったこと、施設内の催しものやデイサービスなどが中止になったこと、スタッフの方も感染に気を付けて無駄話をしたりするのを避けて接してくれている中で、認知症も進み、言葉を発しなくなってしまっていた。元気もなくなり、痩せて、ボーッとしている日々が続いていた。

　だから、あえて、胃ろうという選択をしなかった。母もそう望んでいるだろうと思えた。

　しかし、やはり、生前、母ときちんとその話をし、母の考えを知っていたことが決断をする際、とても大きかったと思う。

　父が亡くなり、まだ認知症初期の母が自宅で一人暮らしをしているときのことだ。

　相続の手続きをしなくてはならなくなり、銀行の通帳などを探した際、透明なプラスティックケースの中に父の手書きのメモが見つかった。

どこそこ銀行いくらいくら、という銀行の預金高のメモだった。

そこに一つ、通帳が見つからない××銀行○○○万円のメモが残っていた。焦って、金庫をはじめ、あちこち探したが見つからない。

どうしようか迷ったが、思い切って銀行の支店に電話してみた。

「あのう、父が先日亡くなったのですが、家にメモが残されていて、そこに、どこそこ銀行いくらいくらという金額が記入してあり、そちらの銀行にも○○○万円くらいの預金があったようなんです。ただ、いくら探しても通帳が見つからなくて……」

「そうですか。銀行の通帳の番号はおわかりですか？」

「わからないんです、そちらの支店だとは思うのですが」

「では、カードもないですよね？」

「カードも見つからなくて……すみません」

「では、暗証番号もわからないですか？」

「そうなんです。本当にすみません。印鑑も銀行印らしきものが数点あって、皆似ていて、どれだかわかりません。本当にすみません」

私は、「わからない」と「すみません」をセットにして繰り返し、受話器に向かって頭を下げた。

「それではお調べしてみますから、お名前とご住所を教えてください」

しばらく待つと、

「お客様、あったようです！」

なんと、その金額が確認できたのである！　少女漫画のヒロインの顔の背景に、いくつもの大輪のバラが咲いているような、そんな感じだった。

通帳も、カードも、暗証番号も、印鑑もないし、わからないのに、である。メモ、様様だった。

本当に走り書きのようなメモだったのだが、役に立ったし、もしそれが見つからなければ、そのお金は存在していないと同じ、戻ってくることはなかった。

個人情報の取り扱いがかつてより厳格になっている現在は、電話での問い合わせに、金融機関がすぐ応じてくれるかどうかはわからない。

しかし、記録としてのメモ（スマホなどに、ではなく）の意味はあると思うし、せめて、大事な人に、身近な人に、一言でもその存在を教えておく、大切なことは知らせておく、というのは必要かもしれないと思う。

新しいことを始める

60歳を過ぎて、毎日の暮らしをきちんと整えることの他に、何か新しいことをプラスできたら、生活の幅が広がって、毎日がウキウキしてくるように思う。

仕事、ボランティア、習い事、運動、ペットを飼う、資格取りに挑戦などもいいのではないか。もちろん、それらを並行して行うこともできるだろう。第4章で登場していただいた畠田さんは、新しいことにどんどん挑戦し、活動的な毎日を送っている。

もちろん、日常の暮らしの中に何かしら発見があって、それで日々イキイキできれば素晴らしいとは思う。

けれども、マイナスの方の現実を見れば、病気や身体の不調とか、親しい人の死とか、いつまで続くかわからない介護とか、相続をめぐるゴタゴタとか、そういう重い、避けられない問題が身近に迫っている、あるいは直面している60～70歳の私たちが、日常を丁寧に暮らすだけでは、息抜きできないときがあるのも事実だ。

そんなとき、新しい楽しみがあれば、それによって、新たな生活パターンや、人間関係や、習慣や、関心事が生まれて、それは新たな自分発見にもつながっていく。第1章で取り上げた二拠点生活もソロ活も、この新しいことを始めるということに当てはまると思う。

私の60過ぎての楽しみは、着物を着ることだった。

私は60を過ぎてから、着物を着るようになった。

始まりは60歳のころ、親戚の家の遺品整理をしていて、「タンス二棹《さお》と半分の着物があるけど、それをどうしようか」から始まった。親戚一同、誰も欲しくないという。「あなたに任せる。捨てようと売ろうと着ようと、どうぞお好きなように」ということになった。

着るか、それとも全部処分するか、と突きつけられたときに、「とりあえずちょっと着てみるか」と針がそちらに動いたのだった。

それまで着物は、七五三の着物、振袖、そしてお嫁に行くときに持たせてもらった数枚の着物、それから40くらいに衝動的に作った一枚しか持っておらず、人生60年を通して、着物を着たのは（正確には人に着せてもらったのは）六、七回だと記憶している。

それが、60歳を過ぎて、着物をちゃんと自分で着てみようと決意したのである。似合うピーク（40代から50代半ばくらいか）はとうに過ぎている。着れるようになったとしても、残りの人生、どれだけ楽しめるだろう。病気になったら、介護が始まったら、着物どころではないだろう。お金はいったいどれくらいかかるだろう。そして、どうやって始めればいいの？

まずは、地元の区民センターでやっている、八回通しで三〇〇〇円で教えてくれる着付け教室に二か月間通った。そこで三人の同世代の着付け仲間を得て、着付け教室終了後、彼女たちとともに別の着付け勉強会に月二回参加するようになった。その勉強会と並行して、同メンバーと月一回の「着物でランチ」などを楽しみながら今日に至っている。着物人脈も、ほんの少し広がった。

遺品整理の着物は、もちろんタンス二棹半、すべてを持ってきたわけではない。その中から、約二〇枚だけを選んだ。帯は数本だけ、帯締めはあるものすべて、着物バッグとショール少しを宅配便の荷物に入れた。本当はもっと持ってきたかったが、それを東京の家のどこにしまうのか、という問題もあるので、少なすぎるでもなく、多すぎるでもない枚数が二〇枚だった。

ちなみにそのほかの着物は業者に買い取ってもらったが、胴裏（裏地）にカビが生えたりしていたので、全部でなんと、たった一万円の値しかつかなかった。それらを仕立てる（反物代と仕立て代）のにいったいいくらかかったかはわからないが、二〇枚を引いたタンス約二棹分の着物が一万円で買い取られていったのを見て、悲しい気持ちになり、そして、少しでも着物が救えてよかったと感じた。

着付けを勉強・練習しながら、私はそれらの着物を順番に洗い張り（着物を布に戻したのち、クリーニングする）に出し、自分サイズに仕立て直してもらった。サイズ的に仕立て直しができないものは人に差し上げ、そうやって、じょじょに着れる着物の態勢を整え、今まだ手を付けていないのは、数枚になった。その中には、留め袖（着る機会などなさそうだが）、80歳を過ぎてちょうどいいような地味すぎる訪問着や小紋、紗《しゃ》の着物などがある。

さて、着物を着るハードルの高さは、着物が高額であることと、着付けが面倒くさいことである。着る機会がない、ということもあるだろうか。

私は、おさがりの無料の着物から始めたし、仕立て直しにはお金がかかったが、他の着物はリサイクル店やネットオークションで購入するなど、倹約路線から外れないようにした。また、着付けの勉強は地元の公的なサービスを利用し、仲間と励ましあいながら楽しく学んでいるので、これまたお金はかかっていない。

そして着る機会なのだが、そんなものは無理やり作るしかないのであり、ランチでもクリームあんみつを食べるときでも何でも、着たいと思ったら着るだけである。

着物を着るようになって、何がよかったか。

着物の世界は奥が深いから、関連する本を読み、そうすると新たな興味が生まれ、また本を読み、そうやって知識欲が高まったことだ。また、着付けについていえば、着物小物などを常にきちんと管理せねばならず、半衿付けなど、針を持ったりすることがあまり苦痛でなくなったこともある。地方のリサイクルマーケットや蚤《のみ》の市《いち》などで、着物関連のものを探す楽しみも増えた。そして、なんといっても、着物つながりの友人ができ、私の新しい世界が広がったことが大きい。

おわりに

私は本書が出るころには70歳になっているが、「毎日の暮らしを美しく豊かに」「自分時間を大切にする」だけでは物足りない。

本文にも書いたが、自分としては、「人生、いつまでもあれやこれやと忙しく、すっきりしていない方が楽しいのではないか」というのが本音だ。

70歳で、「今が一番人生で充実している」というわけにはいかずとも、だましだましのやり方で微調整を重ねながら、自分が楽しいと感じる方向に行こうとは思っている。

健康診断で悪い数値が出たら医者に走り、家の小さなリフォームを繰りかえしながら、人間関係では悩み、もう残り少ない将来に思いを巡らし、周囲に振り回されたり影響を受けたりして、時には落ち込み、時には馬力を出して、忙しくバタバタしていたいと思う。

そして、そのバタバタの中に、60歳なら60歳なりの、65歳なら65歳なりの、70歳なら70歳なりの、75歳なら75歳なりの自分の居場所が見つかればいい。その居場所だが、それぞれの時点での興味の対象、注ぐエネルギー、関わる人々、それらがずっと同じでも、みんな違っていても、どちらでもいいと思う。

本書で取材させていただいた方々からは、そんな自分の居場所についてのたくさんの示唆をいただいた。

本書を書きだす少し前に、母が亡くなった。

写真を整理したりしながら、母の60代、70代、80代、90代を思い出しつつ、その人生を考えてみた。私が若かった時分には、母の生き方に思いを寄せることなどなかったが、60を過ぎたころから、いくつか見習うべき点があるように感じている。いつも明るく冗談を言ったり、毎日の生活を規則正しく送ったり、料理も市販のお惣菜など買わずに手作りだったり、我慢強かったり、今ある幸せに感謝したり、そんなことだ。

母の居場所は「家族と家」だったことが、今実感としてわかる。

さて、本書が出版されるころにも、残念ながらコロナはまだ続いているだろう。二〇二三年初夏には、コロナは5類相当に移行したこともあり、マスクを外す人も増えて、世の中的にはコロナがあけたような雰囲気が漂ったが、まだまだ油断は禁物である。

そんな不安定な状況下で、高齢者に属する私は、気を付けながらも、まず自分の楽しみを、そして、世の中に役に立つにはどうすればいいかを追求したいと思っている。

本書ができるまでには、またまた、たくさんの方々のお世話になりました。

まずは、取材に応じていただいた皆様、本当にありがとうございました。そのエピソード一つ一つに納得し、それぞれの人生から教えられることが多々ありました。取材をする時間の経過の中で、図らずも、自分自身の生き方を見直すことにもつながりました。

また、「定年女子」の一冊目から様々な形で協力をいただいている吉村遙さま、そして、コロナを挟み、世の中の流れが変わるその都度都度、的確なアドバイスをくださった文庫編集部の半澤雅弘さま、心より感謝申し上げます。

令和六年二月

岸本裕紀子

本書は、集英社文庫のために書き下ろされた作品です。

岸本裕紀子
定年女子
これからの
仕事、生活、やりたいこと

集英社文庫

定年女子《ていねんじょし》 新《あら》たな居場所《いばしょ》を探《さが》して

2024年 3 月25日 第 1 刷　　定価はカバーに表示してあります。

著　者　岸本裕紀子《きしもとゆきこ》

発行者　樋口尚也

発行所　株式会社 集英社
東京都千代田区一ツ橋2-5-10　〒101-8050
電話　【編集部】03-3230-6095
【読者係】03-3230-6080
【販売部】03-3230-6393(書店専用)

印　刷　大日本印刷株式会社

製　本　大日本印刷株式会社

フォーマットデザイン　アリヤマデザインストア　　マークデザイン　居山浩二

ISBN978-4-08-744628-9 C0195